U0596678

中国乡村发现

│连续出版物│总第62辑│2022（3）│

主 编/陈文胜
副主编/陆福兴 瞿理铜 李 珺

湖南师范大学出版社
·长沙·

中国乡村发现

| 连续出版物 | 总第62辑 | 2022（3） |

主　编：陈文胜（湖南师范大学中国乡村振兴研究院院长、中央农办乡村振兴专家委员）

副主编：陆福兴（湖南师范大学中国乡村振兴研究院副院长、教授）

瞿理铜（湖南师范大学中国乡村振兴研究院副院长、副教授）

李　珺（湖南师范大学中国乡村振兴研究院博士研究生）

学术委员（以姓氏笔画为序）

马晓河	王小映	王东京	王晓毅	王景新	叶兴庆	朱　玲	朱启臻
刘建武	刘德喜	孙立平	杜　鹰	杜志雄	李　周	李小云	李远行
李昌平	李建华	李培林	吴　毅	宋亚平	宋洪远	张　鸣	张天佐
张玉林	张占斌	张红宇	张晓山	张德元	陈　潭	陈文胜	陈锡文
周　立	房　宁	赵树凯	钟甫宁	姚先国	贺雪峰	秦　晖	徐　勇
郭　玮	郭晓鸣	唐　珂	唐仁健	黄季焜	黄祖辉	曹锦清	蒋建农
韩　俊	温思美	温铁军	谢寿光	熊万胜	蔡　昉	潘　维	魏后凯

主 办 单 位：湖南师范大学中国乡村振兴研究院

湖南省中国乡村振兴研究基地

编 辑 部 地 址：湖南省长沙市岳麓区麓山路 370 号湖南师范大学里仁楼

邮　　　　编：410006

电 话 / 传 真：0731-88872694

网　　　　址：http：//www.zgxcfx.com

书刊投稿邮箱：zhgxcfx@163.com

官 方 微 信 号：乡村发现

征　稿

来稿要注重田野调查，突出问题意识；注重农村发展实践，尤其是乡村现实问题，提出能够进入农村基层实践、服务农村发展决策的对策建议；文风朴实，语言精练，通俗易懂，突出实例和数据，而非教条和空谈；篇幅在 3000 字以内，不存在知识产权争议；来稿请用电子邮件发至编辑部邮箱：zhgxcfx@163.com，并注明作者姓名、工作单位、地址及邮政编码（附个人简介及联系方式）。凡县乡干部、农民的来稿优先录用，与乡村无关或纯理论文章谢绝投稿（文学作品一律谢绝）。

小　启

因联系不便，请书中所采用图片的作者与编辑部联系，以便奉寄稿酬。

目 录

专　稿

乡村五类人才队伍应如何培养和壮大

⊙ 陈晓华

习近平总书记多次强调乡村振兴关键要靠人才，可以说人才振兴是建设农业农村现代化的必由之路，因此要吸引各类人才，在乡村振兴中建功立业。

2021 年 2 月，中办、国办专门印发了《关于加快推进乡村人才振兴的意见》，文件明确地提出到 2025 年乡村各领域人才的规模要不断地壮大，乡村人才初步满足实施乡村振兴战略的基本需求这样一个目标任务。并且，文件将乡村的人才分为农业生产经营人才、农村二三产业发展人才、乡村公共服务人才、乡村治理人才和农业农村科技人才五大类。我认为这个分类重点突出、内容全面，有很强的科学性和合理性，应该是作为指导我们人才培养的一个基本方向。

到底如何来培养和壮大这五类人才队伍？可不可以从以下几个方面来着力？

一、关于农业生产经营人才

农业生产经营人才主要是指在种植业、养殖业第一线的生产人才，例如种养能手、家庭农场经营者、农民专业合作社带头人。对于这类人才的培育和发展，应该更多去关注本土农民培养。

种养业的发展今后无论走规模化发展道路，还是通过社会资本引入，或者城市要素下乡，从根本上来讲，还是要靠把传统的农民改造为现代农民，这可能在相当长一个历史阶段中是种养业发展的主题。

所以，我们培养农业生产经营的人才，要更多去关注本土的人才培养，应该有计划地、大规模地通过农民的培养和教育来发展人才。比如通过教育培训农民、制订现代农民培养计划等方式，来造就一大批本土的高素质农民，从本土农民中去培养一批职业农民、高素质农民，通过他们来创办家庭农场、来领办农业合作社。

这应该是一个基本的方向，这样才能形成一大批农业能手和规模经营来提高科学种养水平，从而更好地提高农业质量和效率。

二、关于农村二三产业的发展人才

这类人才的范围很广，比如农村创业创新的带头人，农村的电商，工匠，等等。对"新农人"的理解，现在应该比过去更全面了。现在对这类人才的培养，我觉得有两类应该高度关注。

1. 农村善于经营管理的人才

因为二三产业的发展要通过要素聚集，要和市场相联系，二三产业的发展就需要要素组合和生产经营管理，而现在恰恰这方面人才比较缺，这类人才应该作为关注重点来培养。

2. 乡村的工匠

三产融合包括发展一些特色产业，如何来发挥乡村工匠的作用使他们传承乡村的一些传统技艺，这也是需要研究的事情。现在非遗的传承是我们面临的大问题，如果这个领域被挖掘好、利用好，在许多方面是可以创造出大场面的，所以要关注这类人才的培养。

在这方面，江苏的很多经验值得借鉴。在乡村工匠人才的培养上，江苏深入挖掘人才资源，构建了乡村匠人评价激励机制，给予乡村人才以充分的增益。从烧饼的制作师到制茶高手，一大批"土专家""田秀才"正式获评正高级和高级乡村振兴技艺师，这是江苏创造的优秀范例。正是这样的正向激励使很多乡村的匠人蜕变为产业的带头人。

所以，在二三产业的发展中，人才的培养一是要重视经营管理人才的培养，这是由二三产业的产业特性所决定的；二是挖掘农村的传统资源开发新产业。而这两个方面现在做得不够，还需要不断地创新。

三、乡村公共服务的人才

至于乡村公共服务人才，应该说这些年在乡村教师、医疗人才、文化旅游人才的培养上积累了很多新经验，但是目前在乡村公共服务方面还有很多紧缺人才需要加快培养，比如说乡村规划师，乡村规划的问题已经提出了很多年，为什么进展不理想，除了资金问题、群众积极性问题、乡村变迁的不确定性问题以外，在很大程度上与规划人才紧缺有关。

过去做新农村建设时每个村也按上面的要求做了一些规划，但是真正实施的并不多，这次新农村建设和现在的乡村振兴要求规划先行，如果没有一大批既了解乡村实际、又有规划技能的人才，规划的任务现在是很难完成的。乡村规划人才的培养应该被重视起来、加快推进。

四、乡村治理人才

乡村治理涉及经济建设、社会建设、生态文明建设、党的建设等方面，对于这个问题各级党组织和组织部门都有全面系统的安排和部署。以基层党组织为核心来推进乡村的治理，形成乡村治理的人才队伍，需要各个方面、各个部门积极地配合，共同完成好这项任务。

我想谈的一个问题是怎么样发挥农村的新乡贤的作用，这确实是乡村治理人才的重要方面。

现在仔细分析，乡村新乡贤无非是两类人，一类是过去在基层组织干过退下来的老同志，一类是在城里工作回到乡里的专业人士。如何发挥好这些经验丰富、联系面广的人才的作用确实需要很好的探索。我想这些新乡贤无论怎么发挥作用，都要在当地党组织的统一领导下发挥作用，这是前提。

刚才我说的这两类新乡贤都是有本事的人，要发挥作用一定要在基层组织的统一领导下，这是必须要守住的前提，不能干扰和影响基层组织的工作。

要找准发挥作用的切入点，现在看来可以在调解邻里纠纷矛盾方面发挥作用，在组织公益活动上发挥作用，在利用自己的专业优势和影响推动村发展上发挥作用。所以新乡贤确实是乡村治理的资源，但是要引导好、发挥好他们的作用。

五、农业农村的科技人才

这包括院校、科研机构的农业技术人员，鼓励他们到乡村推动乡村发展。在人才队伍的培养上，关键是要推进科技体制的创新，通过科技体制的创新激活科技人员下乡支农的积极性，从而形成支持乡村发展的科技支撑。

我们讲的农业农村科技人才不完全是在乡村本土的人，要利用城里的科技资源推动科技下乡，所以要通过科技体制的创新推动农业农村的科技人员面向经济社会发展的主战场，更好地为农业一线的技术应用提供源头性的科技矩阵。

总之，我想乡村振兴人才的培养是一个系统的大工程，需要很好地研究，需要实践和探索，不断地总结经验，一步一步地往前推。

（作者系全国政协农业和农村委员会副主任）

◎责任编辑：汪义力

时政解读：名家讲座

不能用建设城市的方法发展乡村

⊙ 仇保兴

怎样推进乡村振兴，关键是守正用奇。"守正"是指激发和调动农民的积极性和能动性，农民（包括返乡农民和来自城镇的新农人）是乡村振兴和农业发展不可取代的主体；"用奇"是指在遵守法律的前提下始终坚持一切从乡村实际出发，不唯书、不唯上，一切有益于乡村振兴、农民增收的奇招、新招都应以实践加以检验。

1. 制定乡村政策必须要懂农村和农民

我在住建部工作时，第一件事就是在城镇化大潮中提出把农村历史文化遗产保存下来。对于当时进行的新农村建设，基层出台了很多错误的政策，例如用城市建设模式来发展乡村，把乡村城市化，甚至取消农民的养殖权，这都是决策者不懂农村、不懂农民造成的。

还比如易地搬迁政策的意义何在？市场机制已经把能自主搬出来的农户都吸引到城镇里。这时候又强制把剩余的人从山上搬下来，把老房子拆掉，当地老百姓肯定是不愿意的。农民的幸福感在哪里？农民在农村并不用赚很多钱就很幸福。因为农村的生活成本很低，吃的用的住的都很便宜甚至免费，农村生活水平不能以人均 GDP 收入来衡量，用人均 GDP 衡量农民生活是没有意义的。所以三农工作没城里人想象得那么简单，但也有规律可循，只要把农村互联网、电、水、卫生院和教育等基础设施做好就可以。我既反对用行政动员来驱使农民进城的观点，也坚决反对把大拆大建的城市模式搬到农村去。

2. 乡村振兴要充分挖掘乡村的文化资源

从 2003 年起，建设部和国家文物局共同组织评选中国历史文化名镇名村，由于当时抢占先机，率先把 5000 多个价值最高的历史文化名村保护下来，这等同于把农村最宝贵的文化遗产保存下来，显然意义重大。因为我国有 70 多万个村庄，每一个村庄都有自己的文化历史价值，每一个村庄都是一段故事、一个文化瑰宝。如果把村庄拆除，把村庄的土地变成城市可以拍卖的土地指标，就会破坏村庄不可再生的历史文化资源。我们对农村的认知还不够，传统村落的价值、村落与周边自然环境的生态价值目前仍远远被低估。其实大部分被拆的村庄都能通过传承历史文化和农产品的改良重新振兴起来。比如我们老家的祠堂，可以追溯至明代；金华的农耕文明最早可追溯到 11000 年前农耕文明的遗址。实际上这些都是中国传统文化的体现，也是吸引城里人入乡旅游的"新鲜玩意"。

3. 乡村振兴要重视乡村社会资本的培育

社会资本是西方社会学发展出来的新流派，这一派认为，乡村除了自然资源、人力资源、物质资源等资本外，还应有社会资本，共同在乡村振兴中发挥作用。例如，在农村什么事情都是互帮互助，这是非常密切的邻里关系。当地人在这个地方生活多年，世代相传，对当地的自然、文化、土壤气候的认知等就构成了社会资本，这也是农村生产力的重要部分。但是这项生产力长期以来被主流经济学所忽视。

以当时分配到杭州的三峡移民为例，我们给了移民很好的物质资本：每户移民补助 10 万元、两亩土地，房子由市政府盖好，同时移民自己带来人力资本。但后来 80% 的人都回重庆了。为什么一些人宁可生活在非常窘迫的环境中，也不愿意到杭州来，这就是社会资本的力量。因为他们在杭州社会资本归零，虽然地方政府给足了外地移民土地资本和物质资本，但其失去了社会资本，他们认为也是不合算的。小农户仍是中国农业生产，如果农民缺乏社会资本，务农和生活成本会非常高。

随着现代农业的发展，只要不是土地规模经济，不是机械化、电气化，不是工厂化流水线操作所贡献的生产率，那就是社会资本的贡献。但是主流经济学、城市的农业专家中重视社会资本的很少，因为这跟我们原来那套所谓"正宗"的经济学、"正规"的政策文件不是同一个视角。

我们研究中国的乡村振兴，就必须和社会资本结合起来。党中央明确提出"绿水青山就是金山银山"，这是讲农村的生态价值。生态价值要围绕人与自然的关系，在某种意义上来说这就是扩展了社会资本。如果把人撇开，仅讨论生态或社会价值是没有意义的，应该把社会资本扩展到生态价值范畴。

4. 政府和技术要为农产品品牌背书

如何保证农产品品质？通过推广应用"有机产品认证"等现代化的溯源技术，可以把高品质产品跟一般产品区分开，保证有机产品的市场认可度。另外，在每一个主产区，政府成立专门保证金，如果发现农药超标等问题，主产区就要赔偿。这样农民的增收就有平台保障。现代化的溯源技术保障，加上扩大销售范围，整体成本就可降下来，农民收益就上去了。

另外在科技应用方面，中国与欧盟已经顺利实现地理标志产品的互认互保。我们为什么强调保护原始村落？就是为了保护未来农产品的增值潜力。像法国红酒等都是以村庄作为地理标识产品的中心，地理标志商标最终以村庄为核心。既然以村庄为主，将来农产品的优质化一定要把地理标志商标贯穿至乡村生产流程的始终，以村为品牌，把优质农产品与一般农产品区别开，高质量生产，保证不施农药，这样农产品就能获得高几倍甚至几十倍的价格。

总之，农产品品质一定要可追溯，现在的主要问题是社会失信，需要重塑信任。地方政府和现代化技术可以为优质农产品的生产工艺和质量背书，导入现代通信技术，用手机就可追根溯源，从而保证品质。

5. 乡村建设要有当地风格和审美原则

规划学中有三条最高宗旨：一是尊重当地传统文化，文化实际是社会价值的沉淀；二是尊重当地老百姓的长远利益；三是尊重当地的自然环境。村庄建设尽可能不与当地的山水冲突，传统建筑都是与山水景观融为一体的，不像现代建筑师大都只顾追求个性表达。

乡村建设一定要有当地风格和审美原则。乡村振兴不要把城市的东西搬到农村，现在一些地方新农村建设片面追求工业化、城市化的模式，是当地干部搞错了方向。现代城市景观和建筑模式单一，往往大江南北难以区分，缺乏地方特色，但农村一定要坚持本地化、多样化。乡村一定要有当地的风格、用当地的材料，然后结合一些现代技术。现代技术不能抹杀乡村传统文化，而是为其添彩。一些旅游部门热衷建设标准化的游客中心，实际上一个民俗博物馆就可以代替，中国南方80%以上的村庄都有祠堂，可以将祠堂部分建筑改成民俗博物馆，一物多用。

农民结合当地建筑风格开办民宿是有前景的，还可以进一步结合当地的传统文化设计，传统的东西对城里人才有吸引力。要注意的是，农村的传统村庄许多是木结构建筑，一旦涉及连片建设，就有防火问题。村落房子可以改良，在保持原来的风格的基础上，防火必须做好。

乡村建设过程中一定要记住：如果用城市规划模式去建设乡村，注定会失败；用城市工业生产的模式去替代农村农民的生产方式往往是失败的；用城市产业工人的要求去组织农民生产生活也注定是失败的。

6. 乡村发展也要支持"双碳"

中国已经提出"双碳"战略目标，但如果农村也盖高楼大厦，学西方的能源农业，农民也天天坐车吹空调，这对碳排放将是个大考验。以后农民要生活好、农业要发展好，必须重视碳排放问题。如果城市碳排放控制住了，下一步就要看农村了。预计城市碳排放三年后能控制住上升势头，因此进一步碳达峰潜力在农村。

农村其实有发展太阳能、小型风力、小水电的条件，如果将新能源都合理利用起来，农村可低成本实现低碳生活。另外，农村的建筑应尽可能就地取材。我国传统建筑多为土木建筑，材料全来自于土地。传统的夯土建筑结构具有抗震性能，造价低，而且竹子木材做屋顶，就地取材，不仅低碳环保而且有当地的风格。

（作者系住建部原副部长，本文根据作者在友成基金会调研座谈会上的讲话整理成文）

◎责任编辑：李珺

从治理乡村到发展乡村：通向共同富裕的乡村治理范式转型

⊙ 李小云

　　乡村治理主题是在长期以来特殊的政治经济社会语境下产生的，即把乡村看作工业化和城市化的资源来源，同时又把乡村看作被改造的对象。中国的粮食问题、食物安全问题，核心都不是科学技术问题，而是农民问题。改革开放以前，乡村属于国家一部分，所以那时没有乡村治理，只有国家治理的概念。改革开放以后，农民的家庭经营使得农民在国家视角上具备两个身份：一是必须服务于国家粮食安全功能，即国家公民身份；二是个人要致富，又脱离出国家的范围。所以在这样的特殊语境下，就形成了很长一段时间内国家和农民之间结构性的对立关系，计划生育、1990年代的农民负担问题等都突出体现了国家和农民之间这样的对立关系。

　　乡村治理主题实际上在这样一个特殊语境下诞生出来，得管住农民，因为农民不像国家里的人，他们没有单位，所以得安排干部"管"农民：一方面让他生产人人都需要的粮食，即使生产的利益不足，因为粮食是公共品，价格不能太高；另一方面就是维持乡村治理，这是从政治层面来讲，因为农民是原子化的个体，没有单位。在这样的特殊语境下就形成了乡村治理。

　　新世纪取消农业税以后，国家和农民之间相对紧张的关系开始发生变化。这个变化发生在社会经济快速转型的大背景下：农民的数量减少，乡村经济在国民经济中的比重逐年下降，从而造成了农村乡村整体的稀缺性。什么叫稀缺性？过去没有人愿意到农村去，现在有宅基地、到农村住的人是光荣的;因为乡村社会性稀缺,从而引起经济性稀缺。现在农民不愿意变成城市人了,更愿意留着农民户口,特别是脱贫攻坚以后,彻底改变了农民对于国家的印象。

农民过去对国家的印象是剥夺、压迫和管制。脱贫攻坚这8年,农民对国家的印象、国家与农民之间关系的语境发生了根本性变化。农民的稀缺性,不仅指社会、经济稀缺性,还包括政治资源,农民变成各种政治力量争夺的对象,农民在社会经济生活中的权重大幅度上升,已经和1980年代、1990年代完全不一样了。

在这样的新语境下,乡村治理不能依然按照之前管制、控制传达国家指示的这样一套模式来进行。现在的乡村治理、国家与社会的关系、国家与农民的关系,从过去的"硬着陆"进入到"软着陆"阶段,过去"硬着陆"是要强制,现在都是软的,国家与农民原来的紧张关系发生了根本性变化,进行了"软着陆"。

因此当前乡村治理面临三大问题:一是乡村治理功能过于单一。乡村治理的结构过于单一,不能符合和适应乡村今天的国家社会关系语境,开会、传达上面的事情,依然按照过去把农民管住这样的思路,现在看来很不合适。二是没有人,确切说是没有合适的人。因为乡村治理如果要扩大为发展性功能,特别需要人才帮助做规划以及完成其他事项,但现在可以为农村服务的人太少了。三是没有组织。今天虽然有很多的专业合作社,但这些实际上是对乡村发展性组织功能的自我否定,因为这样的专业性合作社,不是真正的合作社,如果一个合作社不能够提供不可替代的服务,这个合作社就是失败的。一个合作社最核心的价值在于提供不可替代的服务,如果给农民提供的服务别人也可以提供,这个合作社就没有用处。现在应该由合作社承担的很多功能被政府机关、政府部门做了,农业局、林业局等承担了大量的、事实上应该由合作社做的工作。

这三个问题实际上影响了新语境下乡村治理由治理功能向发展功能的延伸。乡村振兴从乡村治理的角度来讲,核心问题是把乡村治理的功能由治理向发展延伸,需要进行组织再造和人才回流,这样的话乡村治理就会有一个较好的发展前景。

[作者系中国农业大学文科讲席教授,本文根据作者在"中国农村发展高层论坛（2021）——聚焦农民农村共同富裕"上的主题演讲录音整理而成]

◎责任编辑:李珺

从城乡二分到城乡融合

⊙ 刘守英

城乡二分的对立发展观将社会划分为城市、乡村两大类。城乡融合是一个阶段，长期以来诸多城乡问题实际是一种对立的发展观，无论是西方还是中国，在讨论城乡问题时常常把城市和乡村分成两类，强调城、乡之间的差异与对立。这种两分的结果是什么？一是形成以城市化为目标的城市主义，其基本假设是城镇优于乡村，发展的目标就是以城市化为核心，农村向城市的要素再配置。二是形成充满浪漫主义情怀的乡村主义。其认为乡村是美好的，乡村生活和家庭生活被描绘成简单、纯洁、健康的，没有压力和紧张，是被田园美和宁静包围的理想生活。乡村主义者们将城市化视为破坏性进程，认为城市化会导致拥挤不堪、贫民窟以及社会凝聚力崩塌等，因此其政策目标是反城市化，而这种政策后果是将城市和乡村作为独立的单元，忽视了城市和乡村的整体性和连续性。"城市主义"的政策制定和治理实际是以满足城市需要为目标，乡村处于从属和被动的地位；"乡村主义"实际是将乡村生活诗意化，忽视了乡村的贫困和禁锢状态。

一、城乡融合的形态

从乡村到城市化的整个进程，实际上有一个阶段是城乡融合的形态。

美国城乡融合的表现如下：

（1）形成都市区（中心城市、郊区）和非都市区（乡村和小城镇）。美国明显分为三个空间，一是中心城市，二是城市外围的郊区，三是非都市区，这样基本形成都市区和非都市区，完全是两个空间形态。

（2）郊区发展迅速。我们经常讲的郊区化过程，实际是城乡融合开始的标志。郊区发展的第一个特征明显表现为郊区人口总量和人口增长率高于中心城市和乡村地区；第二个特征是城市中心成为人口的净迁出地，郊区成为人口的净迁入地；第三个特征是大都市区内的非中心区就业占比上升；第四个特征是中心城区和郊区的收入差距开始扭转，郊区收入反而高于中心城区的收入。

（3）乡村与小城镇的发展。美国许多农村地区和小城镇人口普遍增长，主要由于移民流动的变化。另外，自然设施和其他有助于提升整体生活质量的非市场属性开始驱动整个乡村和城镇的发展。一是非都市区的人口迁入量与都市区人口的迁入量趋同，人口不是都往都市区迁入，非都市区的人口迁入量也在同步变化。二是乡村经济的多样性。1974年至2015年期间美国非都市区的经济类型既有农业依赖型，又有制造业、采矿、政府依赖型和服务业依赖型。三是美国乡村的产业非农化明显。四是城乡居民收入差距开始缩小，主要表现为都市区和非都市区居民的收入之比约为1.3，非都市区居民收入的年增长率略高于都市区。

英国城乡融合的表现，城乡连续体的特征主要是：农村（农村人口大于80%）、大乡村（农村人口占比50%～79%）、有显著乡村区域的城市（农村人口26%～49%）、有城市和镇的城市，以及小城市区、大都市区城市。整个英国现在的空间形态不是简单的城市化特征。一是大城市的人口流失，二是乡村地区的人口增长，三是城乡居民收入的差距缩小，四是乡村地区的经济活动占整个国民经济中的比重并不低，五是乡村地区的经济活动和产业极其复杂，不像我们现在的乡村产业比较单一。

二、城乡融合的特征

何谓城乡融合？城市和乡村之间存在着连续的层次，完全农村地区和完全城市化地区之间存在一个以连续等级呈现的连续体。乡村和城市之间并非相互对立，而是相互联系的；乡村和城市之间没有优劣之分，仅仅是发展程度的区别和功能的分别。

城乡融合的具体表现：一是农村地区出现了变化。乡村工业、服务业、非农人口出现在乡村，另外乡村还呈现出社会设施和自然设施的融合。二是城乡社会特征重叠，城乡的边界模糊。三是城乡关系的变化。包括乡村功能变化——乡村不仅是食物的重要生产地，同时也是提供公共品的重要场所（度假区、退休社区、文化或历史遗址、国家公园和休闲区）；城乡关系由对立竞争转为融合互补，信息、资本、人口在城乡流动，将城市和乡村紧密联系在一起；空间相互依存性将乡村纳入经济和文化主流。

城乡融合的主要特征：一是人口向郊区和乡村流动。城市中心不再是人口迁移的唯一目的地，广阔的城市郊区和农村地区是人口迁移的新方向。郊区由于其优美的自然环境、广阔的土地、相对低廉的房价，加之产业发展带来的经济机会、基础设施和功能服务的完善，使得郊区对人口的吸引力与日俱增。二是城乡经济的相互依存，表现在大都市区内产业链的形成。三是城乡产业结构差异减少。乡村产业结构非农化、多样化趋势明显，乡村产业结构趋同于城市地区。四是城乡收入水平开始缩小。城乡之间收入水平、幸福感、生活质量差距不再有天壤之别。

三、中国的城乡二分后果与城乡融合

中国由于长期处于城乡二分状态，城乡二分的结果导致巨大的城乡差距。但城市化一定能解决城乡差距问题吗？城乡差距最大的时期恰恰是城市化发展最快的时期。其次，回村的城市化模式，是属于中国的独特模式，回村将导致出现中国的两个城市化率。城乡二分的结果还会导致农业竞争力的下降，农业竞争力的明显表现为每个农业劳动者的农业价值增值，虽然农业回报在下降，但是成本仍没有下降。

1. 城乡融合的十字路口

中国正处于城乡融合的十字路口，在城市化率达到 64% 的情况下，中国现在到底何去何从，是简单继续走城乡二分、提高城市化的路，还是把所有的要素都返回农村？

中国存在着不可逆转的人口迁移态势，具体表现为：人口继续在向东部沿海、城市群和城市圈集聚；人口继续跨省和省内迁移，当然省内的流动更快；以农民工为主的流动人口加快回流，但是县城人口增长缓慢。

现在整个农二代基本是举家迁移，另外农二代跟农一代的就业有非常大的差异。不回村具体表现为以下两个特征：一是经济特征。农二代期望更好地融入城市经济，他们对工作类型与职业更重视；与城市人存在人力资本积累方式的差异；在职业选择方面表现出去农化与入城化的特征。二是社会特征。农二代体现出很强的入城不回村倾向，在迁移模式上，更好跨省流动，喜欢前往东部地区、大中城市务工经商；对在城家庭生活和子女教育重视，对增强社会流动的期望提高；在城里购房与在乡下建房呈此涨彼落之势；文化价值观方面普遍更认同城市价值。

2. 城乡融合的路径

我们一定要摒弃两个极端思维——单向的城市化与乡建。乡村振兴的正确路径，一是要把农业现代化搞上去，实现农业两个份额同步下降；农业要素重组与农业工业化，不是单一某一个要素单向的扩大和实现整个农业的工业化进程；农产品复杂度提高。二是村庄转型，实现大部分村庄的体面和少部分村庄的活化。

乡村系统的重构主要围绕人、地、业、村四方面要素。首先看"人"，重点包含三个群体，一是老人，二是农二代，三是农三代，核心是这三个群体未来跟乡村的黏度如何变化。其次探讨"地"要素，核心是地权的分割与权利的保障，包括农地、宅基地的权利如何分割与保障。再者是"业"，核心是提高回报率，如果回报率不提高，就没有人去从事农业了。最后是"村"，核心是围绕城乡融合的阶段来讨论乡村的半径和它未来的功能。

最后，城乡融合区域要作为一个空间载体，这是最重要的政策含义。一是都市群的城乡融合，二是大城市郊区和城市区的融合，三是县城及其延伸区的融合。另外，还要进行以土地为核心的要素配置改革，包括都市圈的土地功能和空间配置、统一土地权利体系，统一土地市场。

（作者系中国人民大学经济学院院长，本文根据作者在中国农村发展学会第八届会员代表大会暨中国农村发展高层论坛的发言整理而成）

◎责任编辑：李珺

在两个统筹中有效保障国家粮食安全

⊙ 叶兴庆

我从统筹国内国际两个大局、发展和安全两件大事出发，谈谈对有效保障国家粮食安全的看法。

一、"近无忧，远当虑"的国家粮食安全形势

总的来说，我国粮食安全形势就是"近无忧，远当虑"。

"近无忧"是指从当前看我国有底气维护国家粮食安全，保障国内粮食供应稳定和价格稳定。因为有连续多年的粮食丰收作为基础，也有充足的库存作保障，而且有强大的资源动员能力，有生产体系、储备体系和进口体系这三大体系作支撑，我们的粮食安全是有保障的。

俄乌冲突对我国粮食安全确实有一定的影响，但这种影响在可控、可承受范围内。一是直接影响，从俄罗斯、乌克兰进口的农产品部分品种占我国农产品进口的比重较大。如我国从乌克兰进口了 1460 万吨的谷物，相当于我国去年全部谷物进口总量的 20% 左右；其中玉米进口 800 多万吨，约占我国玉米进口量的 30%，大麦进口 320 万吨，约占我国大麦进口量的 26%，葵花籽油进口 89 万吨，约占我国葵花籽油进口量的 70%。中国从俄罗斯也进口了一些谷物和油料，但总量不是太大。二是间接影响。我国农产品进口量较大，自俄乌冲突爆发以来全球粮价进一步上涨，从而抬高中国粮食、其他农产品乃至钾肥的进口成本，因此输入性影响比较明显。尽管如此，俄乌进口受阻和全球进口成本增加相对我

国国内庞大的产能和库存而言，影响是可控的。

"远当虑"是指从长远看要有忧患意识，因为我国的粮食需求峰值还没有到来。总的来看，国内粮食需求量会进一步增长。从国内生产发展来看，还有一定的增产潜力，但水土资源的有限性、气候变化的影响、农民老龄化和小农户分化程度加剧、农业比较优势下降等一系列因素都会对国内粮食增产潜能释放构成制约。需求峰值还没到来，未来还有增产潜力，但这个潜力释放出来要受到一系列因素的制约。在当前百年大变局的背景下，大国博弈会进一步加剧，大国效应会进一步彰显，所以未来全球进口体系的重构也会面临很多挑战，外部的不确定性会带来进口的不稳定性，这也是值得忧虑的事情。

二、用市场化思维提高国内可持续、有竞争力的粮食产能

应注重用市场化的思维来提高国内粮食产能，做到"以我为主、立足国内"。

一要处理好土地资源配置中行政规制与农民生产经营自主权的关系。按照国家发展战略，对耕地利用实行规制，包括禁止非农化、治理非粮化，这是完全必要的。中国的资源特点决定，必须对土地资源的配置有非常详细、严苛的行政规制，保护耕地资源的这根弦要始终绷紧，这毫无疑问是正确的。但另一方面，农民从事农业生产，其出发点是要增加收入、有利可图。所以，要尽量适应农民的需要，在土地资源的配置上，将国家的优先序与农民的选择权统筹起来，采取一系列扶持政策，把国家的优先序转化为农民的自觉行动，转化为农民的生产经营选择行为，因此很多政策需要重塑，要围绕农民种粮有利可图来强化我们的农业发展政策。

二要处理好保重点和保多样、保数量和保质量的关系。2013 年习近平总书记在中央农村工作会议上明确提出"以我为主、立足国内、确保产能、适度进口、科技支撑"的国家粮食安全战略，为什么在新形势下我们依然要继续坚持实施这"五句话、二十字"的国家粮食安全战略？

2013 年前后，我国农业领域发生了很多转折性的变化。比如出现了大宗农产品的成本和价格倒挂的拐点，我国农产品的成本和价格超过国外，同时也出现了稻谷、小麦、玉米等几大谷物的全面净进口。2013 年以前，我国的粮食安全战略是在正常情况下保证 95% 以上的自给率，而且当时的粮食包括谷物、大豆、薯类，也包括食用油脂，是一个很宽泛的粮食概念，也是一个很高的自给率要求。2013 年开始，我国农产品供需情况有了很大变化，特别是大豆及其他谷物和油料品种

的进口量在逐步增加，已经很难达到 95% 以上的自给率目标。因此党中央提出确保 "谷物基本自给、口粮绝对安全"，本意是要集中力量保重点、保口粮、保谷物，突出将国内资源优先用来保口粮和谷物这两大重点。

2022 年 3 月 6 日，习近平总书记在和全国政协农业界委员座谈时提出，要树立大食物观。大食物观是有前提条件的，即在确保粮食供给的同时，保障肉类、蔬菜、水果、水产品等各类食物有效供给。要严格区分 "粮食安全" 与 "食物有效供给" 这两个概念。冠以 "安全" 的仍然是粮食，上升到安全的高度，更多强调的是政府的事权和责任；至于肉类、蔬菜、水果、水产品等是有效供给，要充分利用耕地之外的其他食物资源，包括木本油料、海洋、食用菌，甚至包括植物工厂，通过多种途径来满足人们不断增长的对其他食物的需求，这应该是大食物观的本意。现在提出的大食物观也指大农业观、大资源观，要深化农业供给侧结构性改革，在保护和用好耕地的同时，也要充分利用其他非耕地资源。安全和有效供给在政策口径、尺度、国家资源分配上还是有些差异。因此，根据我国资源禀赋、人口规模等基本国情制定的 "二十字" 国家粮食安全战略必须长期坚持。

还要处理好保数量和保质量的关系。"量" 当然仍然很重要，但人的需求在变化。即便口粮绝对安全，其内涵也在变，要求也在提高。现在吃大米、面粉不仅仅是量的问题，还有质的问题，所以在保证数量安全的同时，必须提高品质安全。质量的概念，除了产品本身的质量之外，还有发展方式，即农业的高质量发展和粮食的高质量发展。

三、用全球化的思维来提高海外粮食供应链的稳定性和安全性

在 "二十字" 粮食安全战略中，"适度进口" 这四字非常重要。"适度进口" 跟 "以我为主、立足国内""中国人的饭碗要牢牢端在自己手上" 的粮食安全观是什么关系？要如何平衡这中间的度？这是对我国粮食安全治理能力的一大挑战。当前要用好 "适度进口"，需要从两个维度下功夫。

第一个维度是积极推进进口品种、来源地和渠道的多元化，降低单一产品、单一国家的进口依存度。

从品种角度，现在我国大豆和食用植物油的进口依存度明显超过了安全底线，应该要亮起红灯，扩大国内大豆和植物油料的生产，逐步降低大豆和食用植物油的对外依存度。除此之外，还要把握好以玉米为主的饲料粮的进口和肉类进口之

间的平衡。从产品的可贸易性、贸易的稳定性和可靠性的角度看，应该进口饲料粮，发展国内畜牧业，来满足对动物性产品不断增长的需求；从中国十四亿人口的大体量来看，可能要更多地注意进口的稳定性和安全性问题。

从国家角度，现在全球能够批量出口大宗农产品的地区主要集中在北美、南美和黑海地区，这三个地区是我国进口多元化的重要目标区域。关于北美地区，农产品贸易是中美经贸关系的稳定锚之一，这符合双方的利益和需要，在中美第一阶段经贸协议下，中国这两年扩大了自美农产品进口，但中美关系又充满不确定性，既要进口美国的农产品，又要为中美关系的复杂多变预留空间，因此要在其他地区有备手。南美地区是我国主要的农产品进口来源地，南美地区的生产和贸易增长的潜力非常大，但在化肥、种子、物流体系等方面也存在明显短板，所以要提高南美地区进口的稳定性、安全性、可靠性，需要关注上游，在物流的关键节点提供帮助。关于黑海地区，虽然受到俄乌冲突的影响，黑海地区在进口多元化中能起到多大的作用、能够扮演什么样的角色，目前还面临很大的不确定性，但黑海地区的小麦、玉米、大豆等都是我国缺口比较大的产品，粮食生产和贸易增长的潜力很大。

从渠道角度，我国作为农产品贸易渠道的后来者，在很多方面非常被动。近年来，我们很重视培育国际大粮商，通过采取一系列举措，一些企业在境外资源的掌控能力也在提高，当然还需久久为功。

第二个维度是要引起智库和媒体重视，积极营造于我有利的国际舆论环境和氛围。

首先要讲清楚，目前的国际高粮价到底是如何形成的。当前的国际高粮价与俄乌冲突有一定关系，但不完全是因为俄乌冲突。据 FAO 食品价格指数测算，今年 1 月份的指数与 2020 年低点相比，食品价格指数涨了 44%，但今年 3 月份跟今年 1 月份相比，上涨幅度是 17%，也就是说新冠肺炎疫情后、俄乌冲突前，全球食品价格指数已经上涨了 44%，俄乌冲突后在此基础上又上涨 17%，所以不能把高粮价全部归结到俄乌冲突。从谷物价格看，与 2020 年低点相比，今年 1 月份上涨了 40%。今年 3 月份和 1 月份相比，也就是俄乌冲突后上涨了 21%。从植物油价格看，今年 1 月份和 2020 年低点相比上涨 131%，今年 3 月份和今年 1 月份相比上涨 34%。所以，俄乌冲突后全球粮价的上涨的确比较明显，但是目前全球的高粮价是多种因素起作用的结果。即便是俄乌冲突以后产生的价格上涨，也要分清楚哪些是俄乌冲突导致的，哪些是西方制裁措施导致的。

　　其次要讲清楚，最近两年中国的粮食进口和库存变化。近两年我国粮食进口增加较多，2020 年进口的大口径粮食量是 1.4 亿吨，去年是 1.6 亿吨，但是我国增加进口的主要种类是玉米、大麦、高粱以及用作饲料的小麦和碎米，主要是用作饲料的，对其他国家口粮进口的挤出效应并不明显，我们并未抢其他国家口粮的市场份额。目前我国粮食库存量和全球占比的确比较高，但这是多年来逐步积累的。自 2011 年全球粮价峰值过后，2012—2014 年全球粮价呈现回落走势，2015—2020 年上半年全球粮价呈现出持续低迷和低位波动格局，我国的粮食库存正是在这个期间逐步建立起来的，并不是最近两年突然增加的。所以，我们要解释清楚目前的全球高粮价不是中国进口增加导致的，也不是中国的高库存导致的。同时，中国要积极落实全球发展倡议和全球安全倡议，帮助低收入缺粮国家渡过目前的难关，并通过加大技术援助力度来帮助低收入缺粮国家提高长期的粮食自给能力，从而营造有利的国际氛围。

　　中国作为一个人口大国，拥有 14 亿人的大市场，对全球贸易而言，中国的进口增长是一种增量贸易，百万吨级、千万吨级进口量的增长，对国际市场有很大的影响。我们要在现代化的进程中用好"适度进口"这四个字，向国际社会说明我国粮食进口增长的具体情况；同时通过南南合作、中非合作来帮助低收入国家，提高他们的农业发展能力与减贫能力。

　　（作者系国务院发展研究中心农村经济研究部部长，本文根据作者在第 45 期 CMF 宏观经济热点问题研讨会上的发言整理）

◎责任编辑：李珺

热点问题：强县战略

新型城镇化与乡村振兴双轮驱动下的县城发展

⊙ 魏后凯

推进乡村振兴，关键在于重塑城乡关系，推进城乡融合发展。而城乡融合发展，必须把县域作为城乡融合发展的重要切入点，坚持新型城镇化和乡村振兴双轮驱动。

我国已进入全面统筹新型城镇化和乡村振兴战略的新阶段

2021年7月1日，习近平总书记宣布中国全面建成了小康社会，正向着全面建成社会主义现代化强国的目标迈进。在此背景下，中国的城镇化道路将面临三个重要的战略任务。

一是城镇化从加速阶段进入减速阶段，全面提升城镇化质量成为重点任务。据测算，到2035年，中国的城镇化率将达到72%左右，基本实现城镇化；到2050年，城镇化率将进一步提升至78%左右，接近80%～85%的城镇化率"天花板"，总体实现城镇化，城乡人口和空间结构将趋于稳定。

二是全面推进乡村振兴。农业高质高效、乡村宜居宜业、农民富裕富足可作为基本实现农业农村现代化的目标，将在2035年得到实现；到2050年，将实现农业强、农村美、农民富的乡村全面振兴。

三是全面统筹新型城镇化与乡村振兴战略，促进城乡全面融合，走城乡共富之路。到2035年，将实现城乡基本公共服务均等化，城乡收入比达到1.8左右，城乡差距显著缩小；到2050年，将基本实现全体人民共同富裕，实现城乡居民收入均衡化和生活质量等值化。

县城是统筹新型城镇化与乡村振兴的战略支点

中国县级行政区相对稳定，县域数量多、类型多样。2021年的中央一号文件，明确提出要"推进以县城为重要载体的城镇化建设……把县域作为城乡融合发展的重要切入点"。具体来说，县城在统筹新型城镇化与乡村振兴方面的战略支点作用体现为以下三方面。

第一，县城是连接城市与乡村的重要纽带和桥梁。包括县城在内，所有的建制镇镇区都属于广义的"城市"范畴，尽管不属于行政意义上的建制市，但已具备一定的城市功能。县城连城通乡，与城市和乡村的经济联系和文化交流最为密切。

第二，县城是县域的政治、经济、文化和交通中心。县城既是驱动县域经济发展的增长极，也是县域的综合服务中心和治理控制中心，在县域城乡融合发展中发挥着枢纽作用和统领作用。

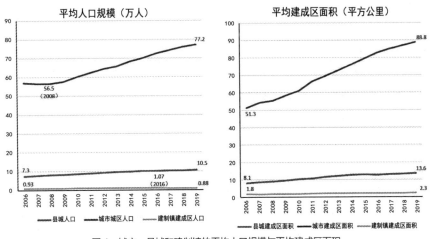

图1 城市、县城和建制镇的平均人口规模与平均建成区面积

第三，相比一般建制镇，县城具有较好的发展基础。如图1所示，虽然县城的人口存量和人口增量都无法与城市建成区相比，但其平均人口规模和增长速度都远高于一般的建制镇。公共设施和公共服务等方面亦是如此，如图2所示，在用水普及率、燃气普及率和污水处理率等方面，县城和城市的差距在不断缩小，甚至逐渐消弭。

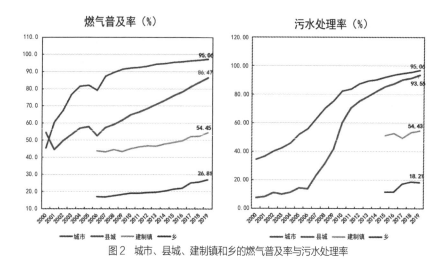

图2　城市、县城、建制镇和乡的燃气普及率与污水处理率

在全面城乡融合中加快推进县城的发展

如前所述，县城是统筹新型城镇化与乡村振兴的重要战略支点，是实现全面城乡融合的空间单元。但从当前我国县城发展的普遍状况来看，县城仍存在诸多短板，包括：基础设施落后，公共服务与大中城市差距大；产业支撑不足，就业岗位缺乏；农民落户意愿较低；因区位和资源禀赋不同，县域分化明显等。

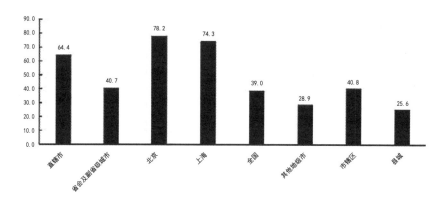

图3　2017 年流动人口的落户意愿（%）

其中，落户意愿低成为了县城功能无法有效发挥的最明显掣肘。如图 3 所示，2017 年中国流动人口调查数据显示，县城仅有 25.6% 的流动人口具有落户的意愿，

远低于直辖市、省会和副省级城市，由此制约了潜在农业转移人口在县城的集聚。

因此，下一阶段的重点任务就是充分发挥县城的作用，加快推进县城发展。具体而言，可以从以下四方面着力。

一是实行县城发展的差别化战略。县城发展的基础条件千差万别，对于某些发展较好的、符合条件的县城，应加快其撤县设市步伐，提升其行政能级；对于其他的大量县城，也应按照现代小城市的标准，大力推进县城建设。

二是强化县城的中心功能。首先，要通过加强基础设施建设、提高公共服务水平和质量等举措，增强县城的中心功能和综合服务能力，进而辐射、带动周边的小城镇和广大乡村发展；其次，要赋予县城更多资源整合使用的自主权，提升其建设发展的自主性；同时，也要警惕资源过度集中导致的县城"虹吸"效应。

三是增强县城产业的支撑能力，建立各具特色、符合主体功能定位的现代产业体系。县城产业发展，一定要符合县域的主体功能定位，走特色化、集群化、融合化、生态化的道路。

四是提高县城的人口吸纳能力和吸引力。如前所述，县城发展的突出制约因素之一就是潜在农业转移人口的落户意愿不强，如何吸引农村剩余劳动力到县城工作、定居、落户，如何吸引大中城市的农民工返乡务工、创业，是县城发展中必须要思考和解决的现实问题。

（作者系湖南师范大学中国乡村振兴研究院专家委员、中国社会科学院农村发展研究所所长，本文根据作者在浙江大学北京研究院举行的研讨会上的发言整理而成）

◎责任编辑：李珺

促进县域县城城乡一体化发展的制度改革的深入思考

⊙ 李兵弟

随着"三农"工作重心的历史性转移，党中央明确提出，要把县域作为城乡融合发展的重要切入点，构建现代乡村产业体系，以县域、县城为中心发展，共建共治共享共富；明确了防止发生规模性的返贫与粮食安全两条底线，突出强调乡村发展、乡村建设、乡村治理三项重点工作。住建系统的工作也正面临着从村镇建设向乡村建设，即由点到面的转折。

一、城乡发展差距问题

第一，城乡地产收入、地产价值差距大。城镇地区的商品房大概有 270 亿平方米，接近 300 万亿元的社会资产价值。农村地区的房屋大概有 220 亿平方米，资产量 20 余万亿。面积虽然差不多，但资产总量相差十多倍。2000 年至 2020 年，房地产用地的土地价格大概上涨了 40 倍，每亩地从 29 万元上涨到 1278 万元。唯独农村的房屋资产价格没有涨，农村也没有得到城市建设用地地价上涨的利益。

第二，城乡家庭财产的差距越拉越大。虽然城乡人均收入近几年有所缩小，由最高比 3.33∶1 降到现在的 2.56∶1，但城乡家庭财产差距却越拉越大，2018 年城镇和农村家庭人均财产分别是 29 万元和 8.7 万元，城镇家庭人均财产收入是农村的 3.3 倍。现在城市家庭财富的核心资产在不断地发生变化，而农村的家庭核心资产是什么？依靠房子还是外出打工？

现在城市和乡村的建设是割裂的，城市房地产市场的调节在独立封闭的城市区域内进行，城乡家庭之间的人均财产差距主要由国内市场上的房子价值造成，而农村的住房财产价值并没有得到市场的完全体现。

二、县域·县城·就地城镇化发展的建设性意见要点

第一，应提高县城高质量发展的承载能力，尤其是服务农业和农村的能力。

第二，县城、县域发展必须要构建以农民就业为导向，以县城和重点建制镇，包括农业产业特色小镇为主体的现代乡村产业体系。在当前新型城镇化发展条件下，不但要注重都市圈、都市群内的小城镇，更要注重农业地区的小城镇发展，特别是注重推动镇的重新产业化问题。

第三，严格控制撤县设区，适度放宽县级市的设置，扩大镇级市的改革试点，探索县辖市的基层行政管理模式，用行政资源促进小城镇发展。扩大镇级市的改革试点未必会增加基层的行政管理成本，相反，如果我们不在这方面进一步探索，很多50万以上（人口）的镇，现在又是以非农产业为主，它的管理模式就会出现问题。因此，可以继续探索镇级市的改革试点，也可以探索县辖市的基层行政管理模式。同时，要研究出台促进地区性小城市联动发展的政策，引导联合设市。特别是在一些地方，一些只有20万左右（人口）还相互连片的县的发展潜力、发展能力差得太远。应对能不能通过引导联合设市，来促进地区小城镇的发展，找到新的发展出路进行思考。

第四，继续积极稳妥地推动特色小镇发展。特色小镇的方向是正确的，不能因噎废食，也不能因为出现过一些问题，就放弃了促进小城镇发展的有力抓手。

三、关于城乡一体化发展制度创新的四点建议

第一，要研究城乡建设混合用地制度的改革。建设用地，特别是农村的建设用地怎样才能更好地实现资产增值，并参与到城镇化中？一是集体建设用地直接入市的模式，特别是在县城和建制镇上直接入市，采取混合用地的方法。要弱化所有权，强化使用权，让土地的使用功能充分地发挥作用。这样可以避免非必要的征地程序，也可以让农村集体经济组织，特别是县域内的小城镇更多地直接参与城镇化。二是农村宅基地用地城乡流通的使用制度。最重要的是构建起三级运转模式：第一层级保证政府集中购置；第二层级促进集体统筹使用；第三层级要探

索放开城乡互动交易的路径。三是在农村集体建设用地上推动城市租赁性保障住房建设。现在一些特大城市正在探索，这是一个非常正确的方向，要及时总结经验，扎实稳步地推动。

第二，构建农村住房制度，完善国家住房制度。到现在为止，我们一直讲的都是城镇住房制度，还没有出现国家住房制度的提法。这是因为农村还没有完整地建立起农村住房制度。所以中国必须要构建农村住房制度，完善城乡融通的国家住房制度，从而能够建立起城乡统一的房地产市场。

一是建立城乡融通的国家住房制度体系。以农村宅基地为主，建立起农民的住房保障体系，而让闲置的宅基地和空置农房形成一种市场资源来进行市场化的推动，从而保障城乡居民对相互之间彼此生活方式的追求，进一步满足广大的市民群众对农村田园生活方式的向往，这也是供给侧结构性改革的重要领域。不是要消灭农村的宅基地和空置房屋，而是要把这部分资产利用起来，为国家和社会，为农民增加财富。

二是任何脱离宅基地制度改革去谈农村住房制度的构建都是制度性的塌陷。农村宅基地具有双重属性：其一是社会属性，其二是财产属性。财产属性实际上讲的是农民要在这块地上盖自己的房屋，社会属性就是政府给农民的一块社会保障。农村宅基地的改革和农村住房制度的建设是不能够分开的，任何脱离农村住房制度去谈农村宅基地制度的改革都是方向性的错误和迷失，任何脱离宅基地制度改革去谈农村住房制度的构建都是制度性的塌陷。

农村住房制度建设有三个基本点。一是农村住房制度和农村宅基地制度，这两个改革不能再独立推动，应当相辅相成、相互佐证地进行推动。二是在推进上述两个制度改革时，还要引进一个制度，就是农村宅基地使用权税的制度，这是一个创新构建的制度。只有这样才能真正构建起城乡融通的国家住房制度。三是对农村住房制度和宅基地制度改革，围绕着保护农民利益，要抓住一个核心，就是"宅地剥离"，锁死总量。把农村宅基地总量控制住，以供定需，分层释放，以"农村闲置宅基地能够释放的量"去满足"城里的需"，而不是以"城里的需"到农村寻求宅基地。闲置宅基地和空置农房，按照个人自愿、集体允准、严格地限定条件，在当地农村集体经济组织同意的情况下，才能够推出来。

三是设立农村宅基地土地使用税征收制度。当把农村的宅和地剥离以后，自然城里人到农村使用农民的闲置房屋可以和农户进行交易，这是一个市场行为。但是他使用了农村的房，这个房不是空置在那儿，是依托农村宅基地的，那他就等于多使用了一块社会保障，对这个问题应当怎样认识？房屋是农民自愿拿出来的，如果城里人愿意去住、愿意使用，就对城里人征收农村宅基地土地使用税，用公平的国家税收制度来调节供给的不平衡，以税收制度来保障农民的利益和农村发展的利益。这个税只对非农户等城里人使用时收，彻底地实现了在持有环节纳税（使用农村宅基地），而不是今天城市房地产所实施的那样在交易环节纳税。个人建议，农村宅基地土地使用税可以参照一定区域范围内，当地非农建设用地一年至三年平均土地的市场价格，依据其使用功能，比如 20 年、50 年、70 年来计算。例如非农建设用地在近几年平均市场交易价格为每亩地 100 万元，而城里人要使用农房的宅基地是五分地，他应当缴纳的税费就是 100 万 /50 年（住房）×0.5，再把这个总量 ×15%（印花税或管理费等，可变），这样计算城里人使用半亩宅基地大概每年要缴纳 1.15 万元的农村宅基地土地使用税。把税收一部分还给农民，一部分作为当地支持农村建设费用支出，一部分由国家调剂。这个制度还促进了农户房屋资产增值、社会财富增加、内需市场拓展、城乡住房市场互济等。

第三，把当前城市建设维护税改革为城乡维护使用税。现在各方到农村的投资越来越多。在税收上，还是几十年前的城市建设维护税，按照 7%、5%、1% 分别在城市、镇和农村征收。当整个资产价格都上升，投资密度都增加的时候，不能再这样把城乡划分了。应当按照城乡平等、同税同权进行改革，同一税基、统一税率、专征专管专用。仅仅改革这部分，每年就能释放出来几百亿资金用于维护农村的公共基础设施。

第四，研究建立国家农村集体资产管理制度，实现为农惠农富农的集体财产管理。统一国家对农村地区投资的国有公共资产管理，政府作为乡村建设项目产权的国家出资方，指导国家投资转化为农村集体资产。要共同富裕，壮大农村集体经济，国家的一些乡村投资是可以转化为农村集体资产的，并形成依法合规的管理制度。政府指导农村集体建设用地和农村宅基地等资产与社会资本的合作，形成城乡要素流通的市场机制。形成农用地转用增值，农村宅基地土地使用税转配和混合用地入市的资产蓄水池，保证农村这块公有资产不流失、不灭失，而且还能更好地为乡村地区的发展服务。

（作者系住房和城乡建设部村镇建设司原司长，本文为作者在中国城市百人论坛 2022 春季论坛"县域·县城·就地城镇化"上做的报告）

◎责任编辑：李珺

县城是新发展阶段城镇化建设的重要载体

⊙ 史育龙

　　党的十九届五中全会和国家"十四五"规划《纲要》提出了推进以县城为重要载体的城镇化建设，这是根据我国发展面临的新趋势新特点作出的重要决策部署，是完善新型城镇化战略的重要内容，也是塑造县城居民高品质生活空间的重要举措。2020年以来，国家发展改革委印发了《关于加快开展县城城镇化补短板强弱项工作的通知》以及若干配套文件，形成了"1+N+X"系列政策性文件体系，并指导120个县城建设示范地区积极探索实践。近日，中共中央办公厅、国务院办公厅出台《关于推进以县城为重要载体的城镇化建设的意见》，系统提出县城建设的指导思想、工作要求、发展目标、建设任务、政策保障和组织实施方式，进一步凸显了推进以县城为重要载体的城镇化建设在城镇化战略中的独特地位和作用。

一、推进县城建设是完善新型城镇化战略的重要内容

　　2014年5月，习近平总书记强调，眼睛不要只盯在大城市，中国更宜多发展中小城市及城镇。县城是我国城镇的中坚力量，是城镇体系的基础组成部分。改革开放以来，在快速城镇化进程中，受制于基础设施、公共服务和产业就业支撑不足等因素，县城发展水平与城市相比仍有较大差距。随着我国经济从高速增长阶段转向高质量发展阶段，新增农民工规模趋于下降，城镇化速度将逐步放缓。在这一背景下，一方面，部分农村富余劳动力选择就

地转移，一些已经外出的农民工也开始返乡创业，农民在县城购房安家、向县城集聚的现象在很多地方都很普遍，县城对农业转移人口的吸引力开始上升；另一方面，一些超大特大城市中心城区人口规模大、密度高，在应对新冠肺炎疫情和暴雨等自然灾害过程中暴露出不少问题，严重影响城市安全运行和持续健康发展。

把县城作为新阶段城镇化建设的重要着力点，统筹县城生产、生活、生态、安全需要，因地制宜补齐县城发展的短板弱项，促进县城产业配套设施提质增效、市政公用设施提档升级、公共服务设施提标扩面、环境基础设施提级扩能，增强县城综合承载能力，有利于缓解部分超大特大城市功能过度集中、中心城区人口过度集聚问题，促进城市群、都市圈一体化发展，早日形成大中小城市和小城镇协调发展的空间格局。

二、推进县城建设是形成强大国内市场的有效举措

2020 年 4 月，习近平总书记强调，农民到县城买房子、向县城集聚的现象很普遍，要选择一批条件好的县城重点发展，加强政策引导，使之成为扩大内需的重要支撑点。县城在基础教育、公共卫生、市政设施、人居环境和产业配套等方面存在不少短板弱项，与地级及以上城市城区相比存在很大差距，但也蕴藏着巨大的内需潜力。如，县城人均市政公用设施固定资产投资仅相当于地级及以上城市城区的 1/2 左右，县城居民人均消费支出仅相当于地级及以上城市城区居民的2/3 左右。通过加大投入推进县城建设，一方面可以形成当期投资，另一方面完善的公共设施又可吸引产业投资、促进居民消费，形成乘数效应和良性循环。

从过去两年的实践看，不少县城通过提升市政公用设施水平，优化公共服务设施布局，夯实了产业发展基础，为吸引并承载更多人口创造了条件。在科学分析、研判县城的综合比较优势和人口产业发展态势的基础上，因地制宜确定发展方向和功能定位，加快补齐各类设施短板，营造宜业宜居环境，吸引人口产业集聚，有效增加居民收入，形成投资、生产、消费的良性循环，是扩大内需、促进形成强大国内市场的有效举措。

三、推进县城建设是促进城乡融合发展的必然要求

2020 年 12 月，习近平总书记强调，要把县域作为城乡融合发展的重要切入

点，推进空间布局、产业发展、基础设施等县域统筹，把城乡关系摆布好、处理好，一体设计、一并推进。在今后一定时期内，农民进城仍是大趋势，但与之前要素单向流向城镇有所不同，要素在城乡之间的双向流动会成为常态，城乡融合发展成为推进乡村振兴、进而实现农业农村现代化的重要途径。

我国现有的5亿农村人口大部分居住在县域内的乡村地区，作为县域中心的县城，天然就是联系城乡的桥梁和纽带，正是农民进城就业安家、城乡要素跨界配置和产业协同发展的天然载体，因此必然成为城乡融合发展的关键一环。当前，县城建设及产业发展状况，难以支撑农民就近城镇化，也难以为城市要素入乡发展、城市人口入乡消费提供服务保障。加快推进县城建设，进一步提升县城功能，有助于畅通要素和消费品下乡渠道，带动更多农产品进城，激发县域内乡村发展活力，为城乡融合发展提供有力支撑。

四、推进县城建设是增进民生福祉的具体行动

2020年12月，习近平总书记强调，赋予县级更多资源整合使用的自主权，强化县城综合服务能力。县城既是县域政治经济文化中心，通常也是全县人口聚居中心。目前，1472个县的县城常住人口约1.6亿人，394个县级市的城区常住人口约0.9亿人，合计占全国城镇常住人口的近30%。满足人民日益增长的美好生活需要，为城乡居民提供高品质生活空间，必须抓住县城这个着力点，提升县城综合服务能力。

县城的基础设施水平和公共服务能力，关系县城乃至全县居民的民生质量。如：公共服务设施不健全，居民上学、就医、养老、托育等难以得到良好保障；环境基础设施不达标，县城生态环境、居民身体健康都会受到影响；产业配套设施不完善，县城产业发展动力不足，吸纳就业能力难以提升，制约居民收入提高。加快推进县城建设，既有利于保障基本民生需求，也能有效增加城乡居民收入，是提升人民群众幸福感、获得感、安全感的重要途径。

（作者系国家发展改革委城市和小城镇改革发展中心主任、研究员）

◎责任编辑：李珺

构建以县域为单元的城乡循环框架

⊙ 郑德高

城乡融合的核心是城乡循环，城乡循环的核心是资源在生产、流通、消费和要素配置四个领域进行循环，建立更好的城市与农村间的关系。城乡循环是国内大循环的重要组成部分和薄弱环节。在马克思主义政治经济学的社会再生产理论基础上（生产—分配—流通—消费），结合时代特征与中国特色，在"分配"环节更加关注"要素配置"，建立基于生产—流通—消费—要素配置的城乡融合分析框架。

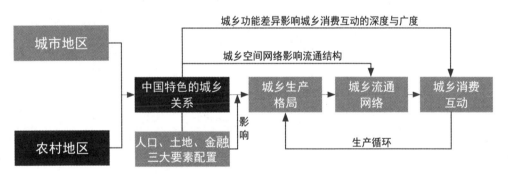

图1 基于城乡循环的分析框架

一、中国城乡融合发展的主要问题

1. 生产领域：城乡效率差距大

一是第一产业的劳动生产率较低。我国第一产业偏离度仍然较高，劳动生产率相对较低，但二、三产业偏离度正以较快的速度收敛。同时，城市制造业和现代服务业对于农业的渗透不够，一、二、三产业的联动机制尚不健全，大部分企业与农民之间的利益联结机制尚未建立。二是农业经营规模小，农业现代化水平不高。以小农户为主的家庭经营是中国农业经营的主要形式，习近平总书记多次指出，"大国小农"是我国的基本国情农情，小规模家庭经营是农业的本源性制度。根据第三次农业普查数据，我国现在的农户有2.3 亿户，户均经营规模 7.8 亩。农业发展大而不强，除供给保障能力外，我国农业整体国际竞争力也不强，在生产效率、科技创新、资源利用等方面均存在不足。三是县域的经济链接功能不强。住建部 9 省 81 县调研数据显示，当前县城提供农业技术服务方面存在着明显短板，调研的 81 个县基本都不具备完整的农业技术服务供给体系，农民群众对县内提供的农业生产服务满意度较低，为 51.2%。县域第二产业和第三产业就业人数反映了县域非农就业带动情况，数据显示县域非农就业人口增长缓慢。2013—2019 年，有 369 个县域的非农就业人数减少，占比为28.3%，县域对一、二、三产业之间的链接功能较弱。

2. 流通领域：城乡网络存在堵点

县城在产业和市场间的中转作用不足。从农业生产出发，经过冷链物流、加工商、批发市场、零售商，再到消费者的长产业链中，产销两端的批发市场、物流中心作用很关键。住建部调研数据显示，9 个省份样本县的县城均没有农产品批发市场，大部分没有物流货仓，县城在农业从田间到餐桌的产业链中作用发挥得还不够。

3. 消费领域：城乡衔接不畅

农产品消费对接渠道不畅，品牌创建较弱。小农户家庭经营对农业生产技术的创新力和运用能力低，对市场的供求状况和产品偏好信息不足，农产品品牌创建意识弱，容易导致农产品出现结构性供应不足或供给过剩，生产和消费端之间没有形成很好的联结关系。同时，乡村休闲旅游消费供给质量不高。调研显示，乡村旅游消费者对乡村的住宿设施、服务水平、安全卫生水平的满意度较低，乡村多功能发展尚处于起步阶段。

4. 要素配置：城乡流动存在二元制约

在人口方面，城乡二元户籍制度下以乡村到城市人口流动为主的基本模式没有改变，并仍呈不断增强趋势。城市的教育、养老等公共服务仍与户籍挂钩，限制来自农村的新市民享受同等的公共服务。在土地制度领域，2019年修订的《土地管理法》希望能够允许集体经营性建设用地交由集体组织之外的单位或个人来进行经营、转让、互换或者抵押，但改革非常缓慢，制度还未完全建立。从固定资产投资来看，农业投资仍然偏少。2020年第一产业增加值占国内生产总值比重为7.7%。但是，其流入的投资只占全社会总投资的2.56%，两个比例差近年来呈现出扩大趋势。从资金流动来看，大量商业银行纷纷在县域设立网点吸收存款和理财资金，其中很大一部分被"抽血"到了外地，对当地支持很小，农村资金净流出规模较大。

城乡之间未能形成良性循环，是我国城乡差距大、城乡问题突出的根源之一。县域与县城未能有效发挥链接城乡的作用，是城乡循环不畅的重要因素，要在生产、流通、消费和要素配置等领域进行重点突破。在生产方面，县域和县城经济发展水平低，产业就业带动能力有限，对乡村产业发展的支撑不足。在流通方面，县城在产业—市场间的中转作用不足，县域范围内的流通体系不完善。在消费方面，县域内普遍缺乏对农产品品牌创建的引导。在要素配置方面，县城—镇—村的要素流动缺乏整体统筹。

二、城乡融合发展的日韩经验借鉴

日本的经验主要体现为四大方面：一是产业多元化发展，共促农业农村现代化。主要包括注重主体培育，促进农业现代化，加快农村非农产业的发展，推动六次产业化发展。2010年，日本开始施行《六次产业化·地产地消法》，着重延伸特色农业产业链、供应链和价值链。二是构建城乡设施网络，促进"对流"型格局的形成。日本人口老龄化严重，出现很多收缩城市。日本政府谋划通过对流来解决城乡之间和城市之间的流动问题。数轮《全国综合开发计划》从整体对农村和城市进行统筹开发和规划。"七全综"为形成"对流促进型"国土，提出构建"紧凑+网络"型结构，即促进医疗、福祉、商业等功能紧凑布局，形成交通、信息通讯、能源等设施网络体系。三是利用自治组织、设施节点丰富乡村消费。日本的农协组织通过有效提供服务和购销渠道，避免恶性竞争。在基础设施建设中，利用改善道路条件的乡村驿站构建城乡交往节点，提供观光旅游、农产品采购等服务。四是城乡要素合理流动，激发农村活力。在保障人口合理流动方面，日本为加快乡村人口转移到城市的速度，实行"户籍随人走"制度；为吸引城市人口下乡，放宽了乡村地区设施建设的限制，并加强乡村旅游宣传。在推动农地自由流转方面，日本放松对土地的管制，加快农地流转速度，实现从小规模分散土地到规模化集中经营的转变，释放农业经济活力。在建立资金投入保障体系方面，日本积极落实支农补贴政策，给予农业生产者补贴及涉农税收优惠，通过设立专门机构"农林渔业金融公库"，解决农业市场经营主体融资难题。城乡之间双向的互动在城乡要素合理流动中非常关键，且是值得借鉴的经验。

韩国的经验主要体现为三大方面：第一，开展新村运动，支持非农产业，改善交通条件。韩国政府支持村民建设新村工厂、发展非农产业，通过制作草绳、草袋子和特色产品等集体生产活动来增加收入。新村运动改善了狭窄的道路，加快了生产物资等的流通，并将草房屋顶换成了石板瓦，从长期减少劳动力维修投入，将有限的劳动力资源集中到生产中。第二，基础设施和公共服务项目促进城乡流通互动。在基础设施方面，通过优化乡村通信网络、运输、给排水等，满足城乡信息传播、生产流通等需求。在公共服务方面，扩展乡村医疗健康、公共教育、文化休闲等服务能力，激活乡村社区活力，促进多元互动。第三，推进资金支持和项目合作，吸引人口转向乡村。韩国面向在乡村以外地区居住 1 年以上的人口，开展"归农·归村"计划，类似我们的"乡贤计划"，通过地方农民自愿合作完成提升农户收入、提高农户生活质量、实现人口自发性迁移到乡村居住的社会开发事业。韩国政府重点投资领域主要集中在乡村基础设施和公共服务设施方面，包括健康福利、教育、经济活动、定居生活、文化休闲、环境景观、农村安全等。

总体而言，城乡融合发展的日韩经验有四大方面值得借鉴。一是生产领域：有机融合＋适度规模。通过推动一、二、三产业融合，实现乡村地区产业多元化发展。同时，在小农经济基础上，推进适度规模经营是提高农业现代化水平、缩小城乡差距的重要途径。在实现农业适度规模经营过程中要避免一刀切运动，逐渐探索，寻找适合我国的可行模式。二是流通领域：设施网络＋特色节点。城乡联通的基础设施网络是实现城乡间产品流通的基础，特别是打通乡村一侧的物流网络至关重要。探索建立以公共服务、商业服务等为支撑的分布于乡村地区的特色功能节点，成为城乡流通的重要环节。三是消费领域：激活乡村消费市场。以乡村的多元价值与多元功能为基础，激活乡村消费市场，尤其要壮大乡村地区文旅、休闲、康养等特色消费，将有助于形成与城市功能互补的消费互动格局。四是要素配置：促进城乡对流。吸引城市人口回流乡村，优化乡村地区人口结构，是优化城乡要素配置的关键。同时，合理放松对土地的管制，是实现城乡人口、资金等要素对流的前提和基础。完善要素配置必须建立"政府＋市场＋村民"的金融保障机制，单独依靠政府的力量难以持续。

三、中国特色城乡融合发展的主要策略

乡村振兴、农村产业融合等尽管有村庄成功的个案，包括北京何各庄的三产融合、浙江安吉蔓塘里的"筑巢引凤"、上海水库村的全域郊野公园等，但这些案例往往依赖地方政府财政资源的集中投入，或得益于村庄特有的资源禀赋，其经验往往面临不可复制、难以推广的问题。同时，国家层面则重在解决城乡融合的制度设计问题，包括建立"人—地—财"配合的制度，集成创新，系统化解决城乡融合发展面临的制度障碍等。

县域是实现城乡融合的最佳空间单元。一是县制稳定持久、承上启下、联接城乡，是我国地方管理制度中跨越时间最长、制度最稳定的组织机构，同时也是我国国民经济的基本支柱之一；二是县域是国家农业生产粮食安全的重要依托，对于带动农业现代化发展起到关键作用；三是县域是满足城乡就业与消费需求的重要单元，在吸引人口就业过程中发挥着重要作用，也蕴藏着巨大的市场消费需求；四是县域是促进城乡平衡发展的最佳单元，是实现乡村发展、社会稳定、村民富裕的根本载体。

1. 构建县域城乡融合的产业体系

第一，建议建设县城—镇村的农业产业链体系，把农业产业链主体留在县域，形成生产初加工在镇村，科技创新、精深加工、品牌打造、产品监管等其他环节在县城的格局。同时，要形成增值收益分享机制，避免农民投入多但收益主要流入其他环节的状况。

第二，要以县域为单元，探索新型农业服务模式。我们现在已有很多模式，包括公司＋农户、专业合作社等。下一步应当以县域为单元，形成品牌化、规模化的农业发展方式，把一、二、三产业融合作为主要的发展方向。一个县有一个规模化、品牌化，且大家自愿合作的组织是具有重要意义的。新型农业服务主体基本模式是在小农基础上实现农业社会化服务的规模化，其具体形式包括代耕代种、土地托管、按户连片、联耕联种等多种方式。

2. 畅通县域城乡流通网络体系

畅通流通网络要聚焦"成本"与"效率"两大核心问题。要完善从田间到最后餐桌上的产业链体系，逐渐消解产业链中的堵点。要以县域为基本单元，联通农产品"最先一公里"，建立"田间保鲜库—县域冷链物流中心—县域批发交易市场"的物流体系，并在县级和乡镇级国土空间规划中预留相关项目用地规划指标，加强主产地与主销地的点对点高效流通体系建设。同时，以县城为中心，通过基础设施建设和服务集成、利益共享，促进流通网络降成本、提效率。"降成本"主要包括加强邮快合作以实现网点和渠道共享、因地制宜地根据需求配置冷链设施布局、推动业务量少路线快递收运与公交运输合作等措施；"提效率"主要包括引导农户和农场共享现代化物流设施、开辟重点直销物流线路、畅通城乡物流道路运输体系等措施。

3. 以县域为单元培育乡村消费市场

在全国城镇体系规划中，我们提出"国家魅力景观区"的概念。在全国层面，一方面有人口产业相对集中的城市群，另一方面有自然与文化遗产富集且适合于休闲消费的国家魅力景观区，这应该在国家层面给予重视，提升其价值。在不同空间尺度要识别特色地区，振兴乡村文旅、休闲、康养消费。同时，依托县域综合服务推动乡村价值提升与功能转型，结合县域来提升乡村的价值，包含了生产性价值、消费性价值、可持续价值等，形成更加综合的乡村价值体系。对每个乡村来说，第一要关注底线，保障粮食安全的农业生产基地，维持城乡社会稳定。第二，要提升其综合价值，使乡村成为农业生产的安全保障地、休闲旅游的重要承载地、传统文化的传承发展地。

4. 促进县域内要素有序流动

第一，促进县域城乡人口对流。首先，要以县城为重要载体，推动就地就近的完全城镇化，大幅提升县城吸纳就业的能力和宜居程度，提高县城的吸引力和承载力，逐步实现在县域内以家庭迁移为主要方式的就近城镇化。同时，通过"乡贤计划"吸引人才返乡，优化乡村人口结构。通过家庭化迁移进程为乡村减负，"新乡贤"返乡为乡村赋能，逐步解决高技能人群单向流入城市的问题，城市和乡村的互动才更有价值。

第二，以县域为单元统筹农村居民点整治，盘活农村建设用地。在土地利用方面可以通过村庄分类和村庄整治，结合各乡镇的区位交通条件、地形地质、人口规模、社会经济发展水平、产业基础等，将村庄划分为集聚提升类、城郊融合类、搬迁撤并类、特色保护类及其他类五大类，并依据村庄分类有序推动村庄整治，统筹闲置农村建设用地，优先用于一、二、三产业融合项目。同时，以县域为单元探索农村金融改革，引导城市资本有序向乡村流动。

5. 建立县域城乡循环的三级空间支撑体系

三级空间体系建设的重点，是发挥县城的综合带动作用、小城镇的承上启下作用以及激发乡村的多元价值。首先，县城要成为第二产业与生产性服务业的主要聚集地、连接农产品产地和区域农产品市场的重要枢纽以及县域内综合性消费服务中心；其次，分类引导中心镇、特色镇、一般镇等小城镇在城乡循环中形成差异化的功能定位；最后，强化乡村的多元价值与多样功能。

6. 探索建立县级农村综合合作组织

县级已有较为良好的合作组织基础，如供销社和信用社。合作组织与新时代的一、二、三产业融合，与品牌化塑造、规模化塑造进行结合，形成强大且有政府、市场、村民共同发力的合作组织是至关重要的。纵向调度、横向协作、整体联动的合作组织，实现生产、供销、信用、服务、保障"五位一体"的综合运行模式，才能真正搭建城乡循环框架，走向互补互动的城乡融合。

（作者系中国城市规划设计研究院副院长，本文为作者在中国城市百人论坛2022春季论坛"县域·县城·就地城镇化"上做的报告）

◎责任编辑：李珺

县乡连线

坚持推动一体化发展促进城乡融合
——武冈市推进乡村振兴工作的实践与探索

⊙ 唐克俭

　　武冈市在高质完成脱贫攻坚任务的基础上全面推进乡村振兴，按照"城乡规划、建设、教育、医疗、养老、供水、客运、治理、人才一体化建设"路径，深化城乡融合发展，成功走出了一条工农互促、城乡互补、全面融合、共同繁荣的乡村振兴实践之路，群众获得感、幸福感、安全感明显提升。

一、推进城乡规划一体化

　　围绕"国家历史文化名城、湘西南明珠城市、邵阳西部生态圈中心城市、新时代文明实践示范市、乡村振兴样板示范区"的城市定位，把牢规划"方向盘"，牵住规划"牛鼻子"，坚持以人为本、坚持区域协调、坚持城乡融合，协同推进实现多规合一。

　　一是成立工作专班，统筹国土空间规划编制。2020年，武冈市国土空间规划编制领导小组成立，统筹编制《武冈市国土空间总体规划（2020—2035）》《武冈市各乡镇总体规划（2020—2035）》《武冈市市域村庄分类与布局》《299个行政村的"多规合一"实用性村庄规划》及各类专项规划等，科学布局生产空间、生活空间、生态空间，建立了区域统一、责权清晰、科学高效的国土空间规划体系，整体谋划新时代国土空间开发保护格局。

　　二是坚持共享发展，构建城乡发展一体化空间结构。以"全域统筹、城乡一体、协调发展"为原则，综合考虑经济社会、产业发展、人口社会等因素，塑造规划形成规模合理、功能完善的"一核、两翼、三中心镇、五示范镇、百特色村"的城乡发展一体化格局；基于自然资源禀赋和地理空间特色，形成以"云山、天子山为自然屏障的一轴、两屏、三廊、多点"的生态保护格局；创建生产空间集约高效、生活空间宜居适度、生态空间山清水秀的国土空间。

三是围绕产业发展导向，引导产业发展空间布局。依托自身资源和比较优势，充分考虑产业发展的用地需求，以武冈经开区、城西商贸物流园、临空经济区为主体，沿省道336、国道241为发展主轴，将全市划分为以中部农工商旅综合经济区、中南部轻加工基地及农旅基地、东部农林及乡村旅游区为主，以周边多个农业产业园、特色小镇、乡村旅游基地为补充的"一核、两轴、三区、多点"的整体产业结构。

四是以完善全域基础设施为抓手，统筹构建城乡生活圈。明确中心城区—重点镇—一般镇—中心村分级公共服务中心体系，分级分区建设布局了一批优质基础教育资源、体育设施、医疗卫生设施、社会福利设施，采取差异化配置，实现了教育设施均等化，构建了统筹城乡、立足基层、协作有序、特色突出的公共服务体系。

五是积极推进增减挂钩、探索城乡用地市场机制。按照"因地制宜、科学规划、统筹实施、权责一致、尊重民意"的原则，在完成农村居民点整理补充耕地任务的基础上，按照"先垦后用"的模式，探索实施城镇建设用地增加与农村建设用地减少相挂钩的工作试点。

二、推进城乡建设一体化

坚定不移加大城乡基础设施一体化建设力度，大力推进以人为核心的新型城镇化，促进城乡协调发展。

一是加快扩容提质步伐。根据"一园一山一镇一城一基地一中心"融合发展的城市发展思路，积极拓宽了东部工业园区，强化以百姓广场为中心的北部商住圈建设，拓展以旅游配套服务产业为主、商住小区为辅的南部区域，城区面积不断扩宽、功能逐步完善、品位日渐提升，城市的辐射力和吸引力与日俱增。2021年，建成区面积达24.2平方公里，城区城镇人口24.8万人，城镇化水平达48.95%。

二是加强城市路网建设。大力推进路网建设，新建新东路等6条城市道路，全面升级武冈大道等 3 条城市干道，乐洋路等背街小巷全部建成，九纵九横路网、城市一环线即将形成。截至 2021 年，城市道路总长度 161 公里，道路面积 380 万平方米，人均道路面积 12.59 平方米。

三是共享市政公用服务设施。坚持对水、灯、气等市政公用设施内提素质、外延服务，尽力实现市政公用设施进步成果城乡共享，有效提高城乡居民生活质量。

四是改善城乡人居环境。投资 3.7 亿元，新建（改造）新东西路等排水管网 47 公里，城市（星威）污水处理厂提质改造工程已建成并投入运行，第二污水处理厂试水运行，污泥无害化处理工程和城市污水处理厂二期扩建工程完成前期工作，城市污水处理率达 95%。乡镇污水处理项目总投资 2.3 亿余元，已完成邓元泰、湾头桥、龙溪镇、邓家铺 4 个污水处理厂及配套管网建设，改善了 5 万余名农村居民生活居住环境。

五是保障城乡居民住房。城区以城市更新工作为切入点，2020 年以来实施老旧小区项目 26 个、棚户区改造申报项目 43 个、商品房楼盘 21 个，解决了 3 万余人的住房问题，有效提高城区居民生活质量。农村以危房改造为着力点，创新"五统一"模式、"四步走"办法，近年来共投入资金 3.47 亿元，完成危房改造 12910 户，入住率 100%，受益群众 4 万余人。

三、推动城乡教育一体化

武冈历史文化底蕴深厚，素有"崇教善教"的优良传统。为进一步推进城乡教育一体发展，武冈在全面薄改的基础上实施新一轮薄弱学校改造，简称"新薄改"。

一是健全三项机制，把优先发展的理念落到实处。健全领导机制，解决怎么重视的问题。出台工作方案，成立指挥部，明确责任，建立市政府牵头，教科、发改、财政、国土、建设等部门协同的工作机制，定期研究解决困难问题。健全投入保障机制，解决资金从哪里来的问题。全市新薄改项目建设资金以中央、省级下拨的专项资金为主，本级财政兜底配套，所有项目的资金来源按原来拨付方式不变。到目前为止，全市已解决缺口资金 1 亿元。健全统筹推进机制，解决谁来落实的问题。将新薄改工作纳入乡政府及有关单位的目标管理和绩效考核，通过层层召开推进会，积极签订责任状，实行部门联动，开展考核评比，压实各级责任，确保取得实效。

二是紧扣四个环节，把精准策略融入整个薄改。摸清底子，找准缺什么。对照全面薄改的 20 条底线标准，层层组织调查，逐校开展摸底，做到一校一特色精准发力。精准规划，弄清补什么。建立薄改项目库，明确弥补缺口的途径、时间安排和资金来源，制定改善薄弱学校基本办学条件的时间表、路线图，确保项目有序推进。注重方法，弄懂怎么做。坚持"四统一"（即"统一标准、统一政策、统一建设、统一指挥"），按照"四步走"（即"学校规划设计—教科局评定把关—乡镇组织建设—指挥部监管"）的工作步骤推进实施。

三是严把五道关，把优质安全标准落到实处。严把规划设计关。严格按照规划进行布局，使学校的功能更加完善，布局更加合理，能最大限度促进学生在校健康成长，最大程度满足教师教育教学需求，最大力度提升办学水平。严把资金使用关。实行生产管理封闭运行，专款专用，及时拨付，减少资金流通环节，确保项目资金不被挪用截留。严把建设程序关。由乡级政府牵头，学校配合，市薄改办、纪检、审计等部门监督，严格坚持"一个项目、一名乡镇和学校领导挂帅、一套班子、一抓到底"的原则，实行领导"包协调、包质量、包进度、包效益"的"四包"责任制，落实项目建设单位工程安全责任制和质量终身负责制。严把安全质量关。严格执行建设工程质量管理条例和工程建设标准强制性的条文等规定，设置了多道"防火墙"，实行专人专项跟踪管理。严把工程验收关。项目竣工后及时会同相关职能部门对工程进行全面验收，搞好工程的审计和决策工作，并进行固定资产的移交。

四、推动城乡医疗一体化

坚持夯实市乡村三级医疗服务体系，切实加强公共卫生体系建设，持续推进基本公共卫生服务均等化，全市卫生健康事业发展驶入快车道。

一是夯实基础，完善村卫生室的网底功能。通过横向整合财政、卫健等部门资金，纵向统筹后期财政刚性投入村级卫生室的建设、维修、租赁等资金，以"健康按揭"方式向国开行贷款1.05亿元，一次性建成299个建筑面积为180平方米、配备4类77件医疗设备的标准化村卫生室，落实了"小病不出村"所需的门诊、检测、留观、康复、基本药品保障和健康教育6大功能，全部实施基本药物制度、开通医保门诊家庭账户报销、基本医疗和公共卫生服务数据网上直传，并通过购买基本公共卫生服务、补差基本药物、解决家庭医生团队签约补助的方式保障村医合理收入，安排299名市级医院专家、299名乡镇卫生院骨干每月定期在村卫生室各坐诊一天，让优质医疗资源下沉到村。

二是加强建设，强化乡镇卫生院的枢纽地位。筹资 9000 万元，对全市 14 个乡镇卫生院进行提质改造，提高了内科、儿科、妇产科、中医科等服务能力，建起了 6 个示范性乡镇（中心）卫生院，新增了 322 个床位，添置了 180 件医疗设备，招聘了 262 名专业技术人员，分别在邓家铺镇中心卫生院和稠树塘镇中心卫生院设立了市人民医院邓家铺分院、市中医医院稠树塘分院，并通过公开招聘一批、在职培训一批、对口支援培训一批的办法充实乡镇卫生院医护人员，老百姓就近能享受到三级医院医疗服务。

三是突出龙头，打造湘西南医疗卫生中心。以项目建设为抓手，做大做强公立医院，协调发展民营医院，实现公立医院、民营医院良性竞争。近年来，投资 3 亿元，修建市人民医院门诊住院医技综合楼、市中医医院住院大楼，成功将市人民医院创建成邵阳市首家县域三级综合医院、将市中医院创建成二级甲等医院，同时，大力发展以展辉医院、都梁医院为主体的民营医院。

四是关口前移，切实加强公共卫生体系建设。建立疾病预防控制机构、定点医院、基层医疗卫生机构三位一体的艾滋病和结核病"防治管"工作机制，健全突发公共卫生事件监测、评估、预警预测、反应机制，开展了寄生虫病防控工作，规范开展了碘缺乏病监测、改灶降氟调查。组建"乡支持、村为主"家庭医生签约服务团队 315 支，全市常住居民家庭医生签约率达 42.84%，原建档立卡贫困人口家庭医生签约率达 100%。

五、推动城乡养老一体化

坚持从养老机构区域性整合、养老服务统筹管理、养老服务设施高标准建设等方面着手，大力推进城乡康养一体化工作。

一是加强机构整合，率先完成区域性中心敬老院建设。投资 5000 余万元新建了水西门街道、荆竹铺镇、湾头桥镇、龙溪镇、邓家铺镇中心敬老院 5 所康养型区域性敬老院，实现空调、电梯、护理床位全覆盖。同时，对老旧敬老院进行整合搬迁，所有老旧敬老院入住老人和工作人员全部搬迁至中心敬老院，城区特困人员全部享受集中供养服务。

二是加强统筹协调，建立武冈市养老服务质量指导中心。按养老行业最新标准设置了养老服务机构安全与服务质量管理中心、居家和社区养老服务指导中心、老年人能力评估中心、养老服务及产品展示和宣传与推广中心、养老服务人才培训中心,2021 年服务城乡困难老年人 2734 人。

三是聚焦基层,高标准建设基层养老服务设施。高标准建设了 17 所设置有厨房、餐厅、阅览室、棋画室(多功能活动室)、休息室、助浴间、洗涤间、康复护理室、托养服务室、家庭支持培训室、心理咨询室等功能室的乡镇(街道)综合养老服务中心,为居住在乡镇(街道)辖区内的老年人提供各种综合性居家养老服务照料、助餐助浴助洁、健康指导、文化娱乐等养老服务。新建 95 所置有厨房、餐厅、阅览室、棋画室(多功能活动室)等基本功能室的村级老年人互助照料中心,主要对本村高龄、留守的老年人进行定期探视走访,组织并引导居家老年人开展互助服务,对不能自理的老年人提供日间照料护理。

六、推进城乡供水一体化

武冈地处衡邵干旱走廊东部,季节性缺水是多年来困扰武冈部分乡村居民生活的问题。近年来,武冈筹措资金 11 亿余元,建成人安饮水项目 1215 个,全市饮水安全覆盖率达 100%,农村自来水普及率已达 87.5%,有效解决了水资源分配不均、部分地区水资源缺乏、秋冬干旱时段局地季节性缺水以及乡镇之间、水厂供区之间供水不平衡、个别水厂水质不合格等饮水难、饮水差的问题,实现了"同水、同质、同网、同价、同服务"。

一是全域规划,统筹资源。按照"不落一户,不漏一人"的要求,做到精准施策,统筹谋划。以威溪水库等 4 个中型水库水源为支撑,建成 4 处日产水 2 万 ~10 万吨规模水厂,铺设 600 余千米供水主管到村到院落,解决水源单一和人口密集区季节性缺水风险较大的问题。以 22 处"千吨万人"工程为基础,采取完善设施设备和管网延伸的办法,解决供水质量不高和 196 个村的自来水覆盖问题。以原有取水点和新开辟水源为基础,按需建尽建原则采取改建或新建水井、水池的办法,解决边远偏僻山区农户的饮水安全问题。

二是创新机制,融资建设。采用"BOT+ROT"的 PPP 融资方案,融资 8 亿元,整合第一自来水公司、城市供水有限公司(第二水厂)、第三水厂,组建武冈市城乡供水有限公司,以"城乡供水一体化、区域供水规模化、工程建管专业化、运营管理智能化"的"四化"模式,让每个水厂成为城市和农村景点、亮点和地标。

三是建管并重,以水养水。按照"统一规划、统一建设、统一管护"的建管思路,建成 670 公里的供水管道,从各个骨干供水工程延伸到城乡每个院落,并将大水厂制、大管网供的安全水，与全市原有的 22 处千吨万人乡镇集中供水水厂管道连通、资源互补、成果共享，确保城乡供水共建共管共享、融合发展。

七、推进城乡客运一体化

抢抓列入全省第二批城乡客运一体化示范创建县市的有利时机，围绕建成"全省先进、邵阳领先"的城乡客运一体化示范市的目标，大力推动城乡客运一体化改革。2021 年 4 月，完成了经营主体公司公开招标工作，确定了湖南邵阳湘运集团有限责任公司为城乡客运一体化创建项目经营主体公司，建立补偿机制。2021 年 6 月，完成了"10+57+31"的"城乡干线 + 城乡支线 + 镇村班线"运营线路模式的制定，实现 299 个建制村全覆盖。2021 年 11 月，完成武冈西站、荆竹站、马坪站乡镇运输服务站改造工作。2021 年 12 月 1 日正式开通营运，同步实行 65 周岁以上老年人免费乘车优免政策，农村客运票价下降 30%。同时，运营主体公司与邮政等物流快递企业合作，构建起市乡村三级物流配送体系，实现快递进村、农产品进城。

八、推进城乡治理一体化

为进一步减轻基层负担、提高运行效率，探索网格化管理"多网合一"机制，推动实现城乡治理一体化。

一是强化组织领导。成立了由市委书记任组长、市长任第一副组长的市网格长制改革工作领导小组，深入乡镇（街道）、村（社区）实地蹲点调研，在基层网格化治理的基础上，安全、综治、疫情防控和全市河长制、林长制、路长制、田长制等重点工作实行"3+N"管理模式，做到功能不重复、责任不重复、人员不重复、考核不重复，实现"一网管多事，多长合一"和"一张网格托底、一个平台调度、一套体系保障"。

二是构建责任体系。将全市市、乡、村、组四级划分为大、中、小、微四张网格，明确由市委书记担任大网格网格长、各乡镇（街道）党（工）委（党组）书记担任中网格网格长、各村（社区）支部书记为小网格网格长、各村（社区）组长（院落长、小区长）为微网格网格长，各级网格长对网格内各项重点工作负责，同时根据工作需求、人口数量、居住环境、地域大小等实际情况统筹选聘微网格员。

三是突出问题导向。建立问题化解闭环机制，对网格员发现的问题，由各微网格长负责及时协调处理，解决不了的第一时间向村（社区）网格长报告，村（社区）解决不了的第一时间向乡镇（街道）网格办报告，乡镇（街道）解决不了的及时向市网格办报告并核实处理或交办给相关职能部门，遇重大事项和紧急事项，及时向市委、市政府分管领导和市委、市政府主要领导报告。

四是坚持数字赋能。组建"1+N"市大数据平台指挥中心，依托"邵阳市社会治理创新开放共享总平台"，打造全市统一的指挥平台 APP，将该平台作为开展网格工作的"中枢大脑"，集学习教育、线上交流、信息反馈、问题领办、跟踪评价等功能于一体。同时，整合村（社区）微信群，实现全市"一户一人"入群，架起"信息高架桥"，辖区群众可通过本级网格微信群随拍随报本辖区内治安维稳、交通安全、安全生产、疫情防控、耕地保护等隐患和线索，确保掌握情况动态、提前研判风险、及时回应诉求、快速处理问题、精准有效服务。

五是健全激励机制。研究制定网格积分管理制度和积分奖励办法，开设积分超市，对参与问题上报、矛盾调解、义务投工等行为奖励积分，年终按积分多少进行奖励，并作为申请入党、评先评优的重要依据。同时定期开展"优秀网格""先锋网格长""优先党员""文明家庭"等评选活动，树立先进典型，以看得见、摸得着的实惠吸引群众自觉参与线上群众自治。

九、推进城乡人才一体化

坚持以乡村人才振兴为突破点，不断加强顶层设计，畅通人才要素在城乡间的双向流动，为全面推进乡村振兴、促进城乡融合发展提供了有力的人才支撑。

一是在人才引进上实现城乡统筹。大力实施《都梁人才行动计划》及 10 个配套政策，支持企业柔性引进高层次人才，全职引进农业、水利等急需紧缺专业人才，并出台《关于支持外出务工经商人员返乡创业的实施意见》文件，全力开展迎老乡回故乡建家乡活动。2021 年，全市集中引进高层次人才 21 名，招引急需紧缺专业人才、专技人员 169 人，吸引 211 名武冈籍成功人士、高校毕业生返乡创业，并从省农科院、湖南师大、湖南农大、中南林科大等高校柔性引进 19 名专家。

二是在本土人才培育上实现同步推进。打破专业培训以城区人才为主的惯例，将乡镇专业人才纳入培训范围。近两年来组织城乡两级医疗卫生系统 200 名管理人员和医疗卫生骨干人才分别赴北京大学医学部和香港大学深圳医院参加医疗卫生管理、业务能力培训；组织城乡两级教育系统 200 名书记、校长和优秀班主任、骨干教师人才分别赴浙江大学和华东师范大学参加教育管理、教学能力提升人才培训；组织全市 85 个村 180 名农村党员致富带头人参加技能培训，其中优秀学员赴广东省佛山贫困村创业致富带头人培训基地培训。

三是在人才要素流动上实现双向流动。在出台人才下乡、返乡、留乡激励政策的同时，打破乡镇专技人员流向城市难的体制机制壁垒，2021 年全市选调乡镇公务员及事业编制人员进城 125 人，33 名事业单位专业技术人员投身乡村振兴；坚持每年下派科技特派员深入乡村开展农业科技实用技术服务，定向培养并及时补充乡村一线医疗卫生、教育专业技术人才，持续开展"送教下乡""下乡支教"和城区医院"专家定期下基层指导"活动，乡村农技教育医疗水平明显提升。

四是在待遇保障上实现乡镇高于城市。致力完善乡村人才服务体系，出台《武冈市发展壮大村级集体经济三年攻坚行动计划》《武冈市创业担保贷款》等文件，给予乡村人才创业、乡村发展项目更大扶持力度；乡镇机关工作人员收入按高于市直机关同职级人员 20% 的标准，落实乡镇工作补贴和边远乡镇津贴，对具有乡镇工作经历的人才，在职称评定、工资待遇等方面倾斜；持续开展五类人员公开比选，定期组织"都梁名师名医名匠"评选表彰，畅通乡村人才晋升通道，营造干事创业良好氛围。

（作者系中共湖南省武冈市委书记）

◎责任编辑：汪义力

乡村振兴需要把握六大常识

⊙ 张润槐

乡村振兴是全党全社会的共同行动，如何有效推进并具体落到实处，针对不同的地方面临的不同的矛盾和问题，需要把握好六个方面的常识。

乡村建设要有水有泥，不能光有水泥。乡村建设一定要保留乡村原有传统村落的风貌，不能把乡村建设得既不像城市又不像乡村，乡村建设要有黑瓦青砖石板路和小桥流水农家院。

乡村环境一定要见山见水，不能破坏山水。做足山水文章，规范干线布局，加大植树见绿规模，加强黑臭水体、生活污水整治，控制好农业污染，把乡村建设成看得见山、望得见水、记得住乡愁的美丽乡村。

乡村风貌一定要多色多彩，不能一个色彩。打造古村落写生基地，改造村庄建设风貌，不要一种颜色刷到底，让乡村老房子有古色，新房子有湘南民居的青灰色，建一批小果园、小菜园、小草原，加强村落文化挖掘，建设文化广场，打造特色乡村。

乡村产业一定要好吃好玩，不能离开吃玩。做大特色产业，做好"三品一标"，创造品牌，让农产品出村进城。做足休闲农业的旅游文章，做好水上乐园文章，策划好稻田文化。

乡村治理一定要守规守矩，不能脱离规矩。制定并完善村规民约，提升农村自治能力，加强乡风文明建设，建设文明乡村。

乡村振兴一定要靠人靠干，不能没有人干。要突出人，村民要解放思想，走出去，打开脑门、心门、山门，同时要引进人才，筑巢引凤，加大招商；要突出干，指挥部要发挥好统筹指挥作战的作用，支村两委要发挥好冲锋陷阵作用，发挥好乡村理事会凝心聚力作用，拿出激昂澎湃的雄心壮志，汇聚源源不断的磅礴力量，增加如虎添翼的坚强本领，建设最美乡村。

（作者系中共湖南省宜章县委书记）

◎责任编辑：汪义力

探索"黔北民居"建设全过程管理机制

⊙ 陶通艾

"我在遵义看到的黔北民居，小青瓦、坡屋面、穿斗枋、转角楼、雕花窗、三合院、白粉墙七大元素合为一体，看着就有美的享受。这些民族文化特色，一定要保护好。"2015 年 6 月，习近平总书记来贵州视察时这样指示。

近年来，湄潭县深入推进农村宅基地制度改革，通过探索建立"黔北民居"设计、审批、施工、验收、使用、流转等全过程管理机制，不仅破解了农村建房"规划统筹不足""风貌管控不到位""违法占地违规建设"等问题，而且推动农房功能的完善，提高了农民居住品质，改善了农民生产生活条件，增强了群众获得感、幸福感。

一、编制黔北民居地方标准

一是挖掘民居元素。历史上，受巴蜀文化影响，黔北民居糅进了巴蜀建筑的元素，而随着外来商贾的涌入，黔北民居又能看到徽派建筑的影子。黔北地区修建房屋的最大特点就是皆依山傍水，木结构的建筑均以穿斗式为主，由小青瓦、坡面屋、穿斗枋、转角楼、雕花窗、白粉墙构筑而成。普通老百姓修建的黔北民居大多为四列三间，这样的建筑相对简约，屋面较高陡，框架多用竹子木料，屋内采光不好，但冬暖夏凉，不怕雹灾。一些大户人家会考虑防匪防盗的因素，将房屋修建为三合院或四合院，建筑结构相对复杂一些，更有艺术品位。中西合璧的黔北民居建筑样式，骨架虽为木质，但又用砖墙包围，门窗和走廊等呈现圆拱形，且建筑还出现了石雕、泥雕和浮雕等。随着社会的发展与进步，砖混结构逐渐代替木结构，在乡村建设行动中，修建砖混结构房屋时，仍习惯把传统民居的一部分元素融入其中，以显示传统民居特色的元素，但没有统一标准。湄潭县通过组织民间建筑师、现代设计师对全县民居进行认真考察、探究，研究解决民居建设杂乱无序、房屋外形风格迥异等突出问题，根据县域乡村面貌，结合传统民居的风格，按照现有建筑材料，最终将黔北民居的"小青瓦、坡屋面、穿斗枋、转角楼、雕花窗、三合院、白粉墙"七大核心元素确定为黔北民居风格建设规范。

二是编制地方标准。湄潭通过聘请有一定古建筑知识、民间文化知识的人员和民间建筑师组成编制团队，实地察看当地具有代表性的传统民居屋面、木构架、穿斗枋、门窗等，走访修建工匠上百人，广泛收集并听取各地相关部门和人士的意见和建议，运用标准化的手段，2017年编制完成贵州省地方标准《黔北民居》（DB52/T 1165-2017），经省质量技术监督局审定后对外公布。《黔北民居》地方标准的出台，规范了黔北民居风格，固化了黔北民居"七元素"，传承了黔北地域文化，彰显了黔北人民智慧。

二、创新黔北民居设计规划

一是精心设计功能。依据黔北风格的民居建设规范，县住建局组织专业设计单位组成技术攻关团队，按照黔北民居七大核心元素，对黔北民居房屋面积及户型、结构与施工、维修加固技术要点、常见质量安全技术问题等统一进行规范、梳理，并设计新黔北民居，在注重居住舒适性的同时，又兼顾艺术性、观赏性。新黔北民居的设计充分尊重农民生活、劳作习惯，非常符合黔北农民的住房审美取向，又具有现代美感和很强的农村实用功能。特别考虑统筹主房、辅房、院落等功能，精心调配空间布局,满足生产工具存放及其他需求。同时为适应村民现代生活需要，将实现寝居分离、食寝分离和净污分离作为重点设计内容。新建农房要同步设计卫生厕所，推行水冲式厕所入室。设计明确新建农房的地基基础、结构形式、墙体厚度、建筑构造等要适应当地经济发展水平和建筑施工条件,满足质量安全要求。设计攻关团队先后设计出20余套不同类型的建房图纸，统一编印为《黔北民居构造标准图集》《"四在农家·美丽乡村"黔北民居范例图集》供农户免费使用，使黔北民居这种"外表传统、功能现代"的美观舒适民宅，按砖混结构建设，具有不热不漏不怕火、占地少、气派大方漂亮等特点。

二是纳入村庄规划。按照"一图一表一说明"村庄规划编制管理的要求，建立了自然资源部门统筹协调、相关部门参加、村委会主导、群众广泛参与的乡村规划编制机制。编制完成《湄潭县县域乡村建设规划》，将 578 个 30 户以上的农村居民点划分为重点型、普及型两大类进行分类指导，实现了村庄规划全覆盖，着力打造"依山傍水、村庄城镇、自然村寨"三种村庄模式。经村民代表大会讨论通过的村庄规划，强调村庄内农民建房必须以黔北民居为主体格调和基本要求，突出"望得见山，看得见水，记得住乡愁"的理念，使白墙黛瓦与绿水青山融合，实现美丽乡村本土化。通过规划引领，涌现出龙凤村、金花村、新石村等一批看有形象、学有榜样的美丽乡村示范点。2020 年，龙凤村被评为"全国乡村旅游重点村"。

三、强化黔北民居建设管控

一是制定管控制度。出台《湄潭县农村宅基地及房屋建设管理办法》《关于加强农村建房黔北民居风格风貌管控的通知》等文件，建立农村房屋设计、审批、施工、验收、使用等全过程管理制度。由镇（街道）农村宅基地专用窗口负责提供的不同类型黔北民居户型设计方案及其建筑风貌方案图册在便民服务窗口展示，引导农户选择黔北民居设计图册进行建设。出台以奖代补的优惠政策，鼓励农户修建黔北民居。农户按黔北民居图纸建设的房屋，经验收合格后，新建房每栋补助 7000 元，旧房改造每栋补助 3000 元。

二是落实管控主体。新建农房农户在获得宅基地审批的同时，要向村集体经济组织作出书面修建黔北民居的承诺，并选择黔北民居户型房屋设计图纸和效果图签字备案。对于施工单位和建筑工匠，明确要求施工单位和建筑工匠要严格按照黔北民居户型设计方案建设。县住建局每年组织建筑工匠培训，重点对《黔北民居建造施工技术导则》《黔北民居构造标准图集》等进行讲解，要求农户自建住房需选择经过培训的合格的建筑工匠或具备资质的施工单位，并签订施工合同。村级组织要制定农村宅基地及农房建设管理公约，强化建设风貌管控。

三是明确管控职责。明确村镇建设服务中心负责建筑面积、高度、风貌、色彩以及采光、通风等要素审查，指导农户与承建人签订施工合同，加强农村住房质量、施工安全等监督管理工作。监督农户获得审批后，要向村集体经济组织作出书面承诺，严格按照批准的用地面积、规划设计、风格风貌等进行建设。农户未按所选的黔北民居户型房屋设计图纸和效果图施工的，由镇人民政府责令停止建设、限期改正。不符合建筑风貌管控要求的，镇人民政府（街道办事处）不得出具《农村宅基地用地和建房验收意见》等，坚守并传承黔北民居七大元素，确保美丽乡村标准规范、特色鲜明。2021年，对修建过程中未按黔北民居建造的31户农户进行提醒、劝说，引导其整改。

四、提升黔北民居居住品质

一是改善农村人居环境。制定《湄潭县整县推进农村人居环境整治实施方案》，坚持"修补修复，完善提升"整治原则，重点突出"七改一增两处理"整治要求，加快推进改房、改院、改路、改圈、改厨、改厕、改水与增绿及污水处理、垃圾处理项目建设，彻底消除农村柴草乱垛、粪土乱堆、垃圾乱倒、污水乱泼、畜禽乱跑的"五乱"现象，引导农户减少低质燃煤、秸秆、薪柴直接燃烧等传统能源使用，鼓励使用电力、沼气、燃气等清洁能源，确保农村人居环境整治无遗漏、全覆盖。目前已整治村庄820个，累计新（改）建黔北民居70000户，已完成厨房改造18707户、畜圈改造6425户、厕所改造16213户、庭院硬化85.93万平方米，全县农村居住条件改善率达70%。

二是完善公共服务设施。在新（改）建黔北民居过程中，强化基础设施配套建设，鼓励村庄公共活动场所实现综合利用，室外公共场所可兼作集市、文体活动、农作物晾晒与停车等用途。因地制宜依据给水规模合理确定供水模式、给水水压、管材管件等，推进供水入民居。采用小型化、生态化、分散化的污水处理模式和处理工艺，合理确定排放标准，推动农村生活污水就近就地资源化利用。建立村庄保洁制度，确保村村有保洁。完善农村生活垃圾收运处置体系，以生活垃圾分类为抓手，推动农村生活垃圾源头减量，变废为宝。修建串寨路、进寨路，推动宽带、通信、广电等进村入户，实现村庄水、电、路、讯及其他基础设施满足村民的生产生活需求。截至目前，全县新建村级卫生厕所86座，建成污水处理系统76套，完成70个行政村垃圾收运配套设施建设，修建串寨路18.8万平方米，修建进寨路167.8公里，农村集中供水覆盖率和自来水普及率达93%，农村电网改造率达100%，实现100%行政村通光纤网络。

三是盘活闲置农房，提升居住品质。印发《湄潭县宅基地"三权分置"办法》

《湄潭县农村宅基地及农房使用权流转管理办法》等，鼓励农户利用农村闲置宅基地和农房发展乡村民宿、创意办公、电子商务、休闲农业、乡村旅游等农村新产业、新业态。湄江街道金花村利用良好的自然生态环境和具有观赏价值的黔北民居风貌，大力推动乡村民宿和乡村旅游发展，陆续有本地村民利用农房开办农家乐，也吸引了外来投资者租用部分村民农房开设乡村民宿，乡村旅游发展势头良好。引进"乡创云"公司采取"农房入股、市民投资、平台运营"模式，目前已流转闲置农房 13 栋，按"门外七要素、室内五星级"标准进行整体装修，打造高端乡村民宿，发展乡村新业态，增加农民财产性收入。

（作者系贵州省湄潭县委全面深化改革委员会办公室副主任、四级调研员）

◎责任编辑：汪义力

发展壮大村级集体经济助推乡村振兴的思考
——以汝城县为例

⊙ 黄文华　何欢

发展壮大村级集体经济，是关系农村经济社会发展的重大问题，是巩固脱贫攻坚成果同乡村振兴有效衔接的重要保障，对于巩固党在农村的执政基础，实现第二个百年奋斗目标具有十分重要的意义。目前，汝城县 217 个行政村中虽然集体经济收入均达到了 5 万元以上，消灭了村级集体经济空白村，但年经营收入达到 10 万元以上的不足 20 个，50 万元的只有 2 个。且在有村级集体收入的村中，绝大部分村级集体经济主要来源于政策性、资源性、资产性三个方面的收入，经营性收入很少，且总量较小，收入不固定的现状没有得到根本性改变。发展壮大集体经济不仅仅是经济问题，也是政治问题，是基层党建的基础工程，寻找阻碍村级集体经济发展的问题，剖析产生的原因，才能找准适合村级集体经济发展的路子，实现乡村振兴。

一、当前村级集体经济发展存在的问题

第一，思想因循守旧。部分村党组织书记对发展村级集体经济的思想保守陈旧，具体表现为"三重"：一是守摊思想严重。部分村党组织书记认为目前村里的基础设施基本完善，且每年村级转移支付和自己争取的一些资金足以保障村里运作。安于这种现状，对于如何利用并村后闲置资产、村里资源优势等发展村级集体经济就没有动力。加上目前对村级财务管理很严格，部分村党

组织书记"明哲保身",有所顾忌,也不想发展。二是畏难思想严重。部分村党组织书记前怕狼后怕虎,既怕因发展村级集体经济不当而造成新一轮负债,更怕群众埋怨、组织不满。因此,在诸多困难面前停下了脚步,把想法扼杀在萌芽状态。三是依赖思想严重。长期形成了"坐、等、靠、要"的思想,等着上级来资金、来项目发展村级集体经济,缺乏主观能动性,对于组织发动群众参与发展村级集体经济的办法很少。

第二,发展办法不多。发展村级集体经济办法不多的问题普遍存在,主要表现在三个方面:一是"望洋兴叹",本身没办法。对于发展村级集体经济本身没有好的思路,不知如何发展村级集体经济,不知道从何处下手、从哪里启动。二是"胡乱上马",领着乱行动。对发展村级集体经济的热情很高,但是对选取什么项目发展村级集体经济没有做过多的思考,胡乱上马发展项目,导致"血本无归"。三是"杯弓蛇影",不敢再突破。因在发展村级集体经济中管理不善、市场价格波动等原因,村级集体经济发展不成功,之后,也没有及时总结经验教训,不敢再进行尝试。

第三,乡土人才匮乏。人才匮乏是影响村级集体经济发展的重要因素,主要表现在三个方面:一是本土人才留不住。在外发展较好的本乡本土人才,其产业、人脉、家庭等均在外,回家发展要重起炉灶,加之相较于沿海等发达地区,发展环境还不够优,出于其自身长期发展和照顾家庭的考虑,不愿留在本乡本土发展。二是外面资金引不进。除少数村拥有区域、资源、人文等优势外,大多数村并没有特别的优势,且基层组织服务功能不完善,招商引资没有足够的吸引力。三是后备人才储备不足。虽然对储备村级后备干部有明确的要求,但不少村存在"拉夫凑数"的心理,对年富力强的在家人员底子不清,未把真正的人才纳入后备人才库。

第四,投入资金有限。发展村级集体经济资金匮乏,主要表现在"三少":一是政策资金整合少。对于相关涉农部门下拨的资金没有在政策允许范围内充分进行整合,有效用于村级集体经济发展。二是社会资金聚集少。村级集体经济发展的不可预见性,除少数人愿意做"第一个吃螃蟹的人"外,多数人不愿意把资金冒险投入到村级集体经济发展中来,更愿意把资金投入到风险较小、稳定获利的投资中。三是上级资金拨付少。2019年、2020年,县财政分别安排专项资金80万元、200万元,采取以奖代补形式,重点扶持集体经济薄弱村发展集体经济。各村驻村扶贫后盾单位为村级集体经济发展帮扶单位,每村每年帮扶资金不少于2万元。但总体而言,对发展村级集体经济的投入力度还有掣肘,用于发展村级集体经济的专项资金有限。

二、困扰村级集体经济发展的原因分析

第一，政治站位不高，缺少"大格局"。发展村级集体经济本就是一项困难重重的工作，不是"简简单单、敲锣打鼓"就能实现的。部分村党组织书记把自己等同于普通的管理者，没有清醒认识到自己既是党组织的"负责人"，也是村里的"带头人"，带领发展村级集体经济就是自己的本职工作，就是自己应负的责任。总认为推动乡村振兴和发展村级集体经济应该是上级考虑的事情，眼中只有自己的那"一亩三分地"，既不想出钱，也不想出力，更不想承担风险。

第二，自身能力不强，缺少"高见地"。部分第一书记和村党组织书记对新理论新思想新论断没有学深悟透，工作能力不足，"照搬照抄"其他村村级集体经济发展模式，没有因地制宜、结合实际、发挥优势，没有切实找准符合自身发展的路子，缺乏核心竞争力。有的对发展村级集体经济的成功经验、创新举措不闻不问，始终保持"以不变应万变"的心态，发展村级集体经济靠"蛮干"，在发展村级集体经济上走错路、走弯路。

第三，人才支撑不足，缺少"好平台"。农村总体缺乏较好的营商环境，不论对外来投资者还是对本土人士来投资，总有一些村民抱着"碰瓷"的心理，阻碍项目的顺利进行，加之，服务型基层党组织构建还未成型，不能为投资者提供周到细致的服务，因此无法吸引到"投资人"。对志愿在本乡本土发展的人员，关注和关心过少，对一些可培育的好苗子，尽管通过农民大学生培养、电商培训等方式进行培育，但分类培训、因材施教不够精准，因此无法培育出"创业人"。

第四，资金渠道不畅，缺少"源动力"。虽然有个别村具有区位优势、资源优势和人脉优势，在争资金跑项目方面更为便利，容易争取到更多的资金和项目。但多数村创新推动发展缓慢，没有形成产业规模和亮点特色，上级部门关注很少，更多的资金和政策向少数受关注度较高的村倾斜，自身在资金和政策方面得不到实惠。同时，群众看不到发展村级集体经济的希望，出现"干部在干、群众在看"的现象。

三、发展壮大村级集体经济的思考与建议

第一，突出组织引领，强化支部带动、群众参与。坚决贯彻落实"把党的政治建设摆在首位"的要求，建强基层党组织，注重增强基层党组织战斗力、凝聚力、

向心力，将党员群众凝聚在一起，切实发挥党组织在发展壮大村级集体经济中的政治引领作用，明确发展农村集体经济为"书记工程"，将其列为县乡村三级党组织书记抓基层党建重点项目，纳入基层党建述职评议考核重要指标，发挥"书记抓"的头羊效应和"抓书记"的政治优势，推动农村集体经济发展。发挥党员先锋模范带头作用，采取无职党员设岗定责、党员积分管理、党员评星定级量化管理等措施，充分发挥普通党员参与村里各项工作的积极性。同时，实行村级后备干部培养计划，确保每个村（社区）至少储备3名中青年后备力量，打造一支新生力量军。

第二，打造三大平台，坚持培育为主、引进并行。树立"种好梧桐树、引得凤凰来"的理念，着力打造招才引智三大平台，为村级集体经济发展提供强有力的人才支撑和智力保障。一是打造服务平台。以村（居）党组织为核心、村民自治和村务监督组织为基础、集体经济组织和农民合作组织为纽带、各种经济社会服务组织为补充，推动建立和完善基层组织体系，使各类组织各有其位、各司其职，充分发挥在基层社会治理中的积极作用，拓展党组织的服务功能，真正做到"急事难事见干部、政策宣传见干部、化解矛盾见干部、项目推进见干部"。二是打造创业平台。邀请、聘请相关部门行业的专业人士、农业产业带头人以及"土专家""田秀才"传授创业经验。选取一批有一定代表性的种养殖基地、农村电商和乡村旅游点为农村党员创业培训基地，为农村党员创业提供实践场所和交流平台。三是打造培育平台。坚持集中培训与分散培训相结合、理论学习与实践操作相结合、公共教育与个性教育相结合的方式，注重分门别类、因材施教。充分发挥县委党校培训主阵地的作用，利用"流动党校"和农村现代远程教育等多种形式开展教学，组织学习党的基层路线和方针政策、乡村振兴、乡村治理、市场经济知识、法律知识等，提高他们带领群众勤劳致富、科学致富的能力。采取"传、帮、带"等方式，让村后备干部多进行锻炼，参与到村级事务中来，提高其决策和管理服务的能力和水平，促进村后备干部成长。

第三，健全制度保障，保证结构稳定、运行科学。不断加强发展村级集体经济的制度保障，让村级集体经济在制度的规范下彰显活力。一是健全资金投入机制。构建财政优先保障、金融重点倾斜、社会积极参与的多元投入格局，充分发挥财政资金的引导作用，每年固定投入村级集体经济引导资金，支持村级集体经济发展。建立涉农资金统筹整合长效机制，整合涉农资金优先用于村级集体经济发展。设立乡村振兴发展基金，加强对社会闲散资金的吸收，引导社会资本投向农村。建立财政支农稳定增长机制，健全农村产权抵押融资配套政策和信贷担保体系。强化"三资"清查工作成果运用，规范资产管理，增加村级集体经济收入。二是健全产权改革机制。以放活土地经营权为重点深化农业农村改革，促进要素更多流向农业农村。通过产权制度改革激活农村资产资源，大力发展物业经济，将失地农民变股民，实现"资产管理"向"资本运营"转化，发展多种形式的适度规模经营，推行农村集体经营性建设用地入市，采取多种方式盘活闲置房屋和宅基地，增加农民财产性收入并发展壮大村级集体经济。三是健全风险防控机制。加强村级集体经济项目选择的风险论证，建立健全多主体、多渠道的风险分担机制。针对可能出现的日常资源资产管理、资金和财务管理、非生产性开支管理、债权债务管理、工程建设项目管理等领域的易发、高发事项，加强分析研判，积极采取有效措施，及时做好防范处置。

第四，激励担当作为，实现奖励有度、惩处有力。通过激励担当作为干部和问责一批不担当不作为干部的办法，激发各级党员干部推动村级集体经济发展的干事热情。一是建立考核运用机制，以真实绩效论英雄。把扶持壮大村级集体经济纳入年度考核的重要内容，把村级集体经济发展情况作为干部实绩考核评价的重要依据，并纳入基层党组织书记党建述职评议考核的重要内容，作为是否胜任工作岗位的重要依据。二是建立双重激励机制，让有为者有奔头。在经济待遇方面给予激励，对村级集体经济负责人实施"基本报酬 + 绩效奖励 + 集体经济发展创收奖励"的报酬补贴制度。允许村集体年经营性收入超过 10 万元的村提取一定比例作为村干部绩效和创收奖励；设立村级集体经济发展单项奖，对发展村级集体经济工作成效显著的村给予表彰。对发展村集体经济做出突出贡献的党员、干部进行表彰，符合选用条件的，优先提拔使用；对在发展村级集体经济中获得显著成效的村（社区）干部，在政策允许情况下，可以适当放宽年龄学历要求。同时，建立健全容错纠错机制，落实好"三个区分开来"，保护广大干部在发展村级集体经济中的积极性、主动性和创造性。三是建立负向问责机制，令无为者失舞台。对发展村级集体经济不力的领导干部进行调整；对毫无作为和成效的村党组织书记，在换届中不予提名或按程序免职。

（作者单位：湖南省汝城县财政局）

◎责任编辑：汪义力

三农论剑

乡村振兴需扎实稳妥推进乡村建设

⊙ 黄季焜

乡村建设事关农民切身利益、农业现代化和农村长远发展，全面落实乡村振兴战略需扎实推进乡村建设。2022年中央一号文件更加强调乡村建设要扎实推进，对乡村建设实施机制、农村人居环境整治提升、重点领域基础设施建设、数字乡村建设、基本公共服务县域统筹等作出具体部署。

健全乡村建设实施机制

扎实稳妥推进乡村建设必须有健全的实施机制。只有实施更加适合本地实际需求的乡村建设项目，并充分发挥农民和村庄在乡村建设中的积极性和能动性，乡村建设才能事半功倍。因此，健全的实施机制是有效推进农村人居环境整治、农村基础设施建设、数字乡村建设和基本公共服务供给的重要保障；只有建立健全乡村建设实施机制，才能确保满足乡村建设为农民而建的要求、确保乡村建设的建设成效和有序推进。

为扎实稳妥推进乡村建设，2022年中央一号文件特别强调乡村建设的实施机制。与以往中央一号文件相比，今年更加关注农民需求，特别强调"乡村振兴为农民而兴、乡村建设为农民而建的要求"，明确提出"自下而上、村民自治、农民参与"的实施机制。在实施上，特别指出要"加快推进有条件有需求的村庄编制村庄规划"，并明确提出"启动乡村建设行动实施方案""防范村级债务风险""推进村庄小型建设项目建议审批""明晰乡村建设项目产权，以县域为单位组织编制村庄公共基础设施管护责任清单"等具体措施。在保护传统村落方面，提出今年重点是实施"拯救老屋行动"。

虽然近年来各地乡村建设都取得了显著进展，但我们也发现不少建设项目与农民的迫切需求还存在较大的差异。根据北京大学中国农业政策研究中心于2022年1月在5省169个行政村1768户农户的调查（简称北大调研），农民认为本村最迫切需要建设的前5个项目依次为道路交通、养老、医疗卫生、教育和饮用水，但2019—2021年实际实施的项目，除道路交通外（占乡村建设总经费的46%），其他项目同农民需求相差甚远。即使道路交通建设项目总体上与农民需求意愿排序一致，但农民最希望的前3项建设项目依次为通村公路、通村公交站点和组内道路，这与实际的建设项目也存在较大差异。当然，不同地区的农民需求也存在很大差异。

为落实"乡村振兴为农民而兴、乡村建设为农民而建"的总体要求，乡村建设项目需因地制宜，要与当地农民的迫切需求有机结合起来。因此，充分考虑农民实际需求，充分发挥农民积极性，秉承"自下而上、村民自治、农民参与"的原则，科学规划短期和中长期适合各村庄的乡村建设进展极其重要。这要求各地政府在乡村建设项目规划和实施上，改变以往"从上到下"的运行机制，总结推广农民群众参与乡村建设项目的有效做法。

接续实施农村人居环境整治提升五年行动

建设美丽宜居乡村是全面推进乡村振兴的重要任务之一，事关广大农民根本福祉，是缩小城乡差距、实现城乡融合的重要举措。但由于农村基本公共服务供给有限，供给优先用于与生产生活密切相关的基础设施建设，导致长期以来人居环境基础设施供给不足。虽然近年来加大了投入力度，农村人居环境也在不断改善，但整体上仍处于较低水平。

加强农村人居环境整治，是近几年中央政策的着力方向之一。继2018年《农村人居环境整治三年行动方案》颁布后，2021年中央一号文件提出"实施农村人居环境整治提升五年行动"，继续关注农村厕所、污水、黑臭水体、生活垃圾、村庄清洁和绿色行动几方面。在此基础上，2022年中央一号文件明确指出"接续实施农村人居环境整治提升五年行动"，明确了今年的工作重点：在改厕方面，重点强调"从农民实际需求出发"；在污水处理方面，"优先治理人口集中村庄"；在生活垃圾方面，强调"生活垃圾源头分类减量，推进就地利用处理"；在村庄清洁美化方面，"深入实施村庄清洁行动和绿化美化行动"。

从北大调研看，虽然近年来农村人居环境整治提升行动效果显著、人居环境整体上得到明显改观，但仍存在部分整治不充分、区域差异大等现实问题。至2021年底，90%的农户使用了卫生厕所，95%的农户集中处理了生活垃圾，基本形成"村收集—乡镇转运—县处理"的模式，村容村貌有明显改善。但区域差异较大，有些地区农村厕所不符合农民需求，粪污资源化利用程度低，村容村貌治理过程中仍存在"重面子、轻里子"的情况。大多数地区仍存在生活垃圾源头分类尚未建立、生活污水治理进行缓慢、黑臭水体治理难度大等问题。

为接续落实农村人居环境整治提升五年行动，需要因地制宜推广满足当地自然条件和农民需求的人居环境设施。在厕所方面，要根据实际情况"宜水则水、宜旱则旱"，整改现存问题；在污水方面，有条件有需求的地区要纳入城市污水管网或自建污水管网设施，对不适宜集中处理的地区推行小型化生态化治理方案；在垃圾方面，推进生活垃圾源头分类减量；在黑臭水体治理方面，要明确治理目标；在村庄清洁绿化方面，要真正从农民需求出发，发挥村民自治能力，将清洁、绿化、美化落到实处。

扎实开展重点领域农村基础设施建设

完善的农村基础设施是促进乡村振兴和农业农村现代化的必要条件。加强农村基础设施建设是农业农村发展的有力支撑，是缩小城乡差距实现共同富裕的重要举措。习近平总书记特别强调："要把公共基础设施建设的重点放在农村，推进城乡基础设施共建共享、互联互通，推动农村基础设施建设提档升级。"2021年中央一号文件已明确将农村道路畅通工程、农村供水保障工程、乡村清洁能源建设工程、数字乡村建设发展工程和村级综合服务设施提升工程作为"十四五"时期补齐农村基础设施短板的突破口。

2022年中央一号文件特别强调要"扎实开展重点领域农村基础设施建设"，提出的重点领域更加具体，要求和措施更加具体。例如，除继续强调较大人口规模自然村（组）通硬化路以外，还明确提出"有序推进乡镇通三级及以上等级公路"建设，"实施农村公路安全生命防护工程和危桥改造"并"扎实开展农村公路管理养护体制改革试点，稳步推进农村公路路况自动化检测"。同时，特别提出要"配套完善净化消毒设施设备"，继续强调"深入实施农村电网巩固提升工程"并新增"推进农村光伏"建设；提出"实施农房质量安全提升工程"并"加强对用作经营的农村自建房安全隐患整治"。

虽然近期我国农村基础设施建设得到快速发展，但还有不少需要补短板的重点领域，同时地区间差异很大。北大调研显示，截至2022年1月，到乡级公路距离在1公里以内的村的占比已达80%，农户自来水普及率近70%，农户对生活用水水质的满意度达87%；但部分西部村庄和山区村庄的发展水平较低，还存在很大的缺陷。在生活能源方面，仅有25%的农户将电力作为最主要的炊事能源。此外，46%的农户住房建于2000年以前，部分省份高达60%以上，因此农房质量安全提升是当务之急。

扎实推进农村基础设施建设需要因地制宜、突出重点。要立足各地的现有基础，尊重农民意愿，确定适合各地的农村基础设施建设的重点领域和优先序，尤其在道路、供水、能源和农房等方面，要将好事办实、将实事办好。与此同时，在建设和维护上要有创新思路，建立健全农村基础设施建设和管护的体制机制保障。

大力推进数字乡村建设

以数字技术驱动乡村生产方式、生活方式和治理方式变革，对提升农业农村生产力、优化城乡与区域要素流动和配置，推动农业高质高效发展，促进乡村治理能力和治理体系现代化均具有重要意义。乡村的数字基础设施、经济数字化、治理数字化和生活数字化是当前数字乡村建设的重要内容。要充分发挥数字技术对促进农业农村现代化的作用，数字乡村发展必须以市场需求为导向，补足乡村经济数字化发展短板，提高农民数字素养与技能，加快乡村治理与公共服务数字化转型。

为此，今年中央一号文件专门以整段篇幅提出"大力推进数字乡村建设"。文件强调"着眼解决实际问题，拓展农业农村大数据应用场景"，确立了以市场需求为导向的建设方向。继续强调"推进智慧农业发展，促进信息技术与农机农艺融合应用"以弥补经济数字化发展的短板。首次提出"实施'数商兴农'工程，促进农副产品直播带货规范健康发展"，并强调"加快实施'快递进村'工程"和"推动互联网＋政务服务"向乡村延伸覆盖。与此同时，文件还特别指出"加强农民数字素养与技能培训"。为探索数字乡村建设的规范标准及评估体系，文件首次提出"加快推动数字乡村标准化建设，研究制定发展评价指标体系，持续开展数字乡村试点"。

推进数字乡村建设要关注发展鸿沟和如何使农民成为受益主体。北京大学新农村发展研究院联合阿里研究院编制的《县域数字乡村指数（2020）》研究报告显示，我国县域数字乡村已有较好发展基础，尽管受到新冠肺炎疫情冲击，2020年继续保持稳步增长（6%），但研究也指出，要高度重视区域差异和发展鸿沟问题，特别是乡村经济数字化区域平衡发展问题。北大调研也证实，乡村数字基础设施得以不断完善，受访村庄99.9%实现了4G网络全覆盖，23%建有电商服务站，35%实现快递进村，37%建有一站式服务平台且提供线上服务，但在农民层面，数字技术惠民程度还有待显著提高，到2021年底只有不到1%的农民在网上销售农产品。《数字农业农村发展规划（2019—2025年）》提出，农产品网络零售额在农产品总交易额占比要从2018年的9.8%提高到2025年的15%。

为此，在大力推进数字乡村建设上，需要坚持突出重点和补足短板并重，需要特别关注农民从数字乡村建设上获益。数字乡村建设要分阶段地有序推进，要采取更具包容性和公平性的区域发展策略，要充分发挥政府公共职能与市场配置资源作用。要把农民作为数字乡村建设的重要主体，让更多的农民、特别是低收入农民参加到"数商兴农"工程，通过培训等措施，提高他们在"电商大饼"中的占比；在农产品流通新业态发展过程中，要有创新的体制机制让广大农民从农产品供应链上中游增值中获得更多利益。

加强基本公共服务县域统筹

加强基本公共服务是政府的重要职能，是保障全体公民生存和发展的基本需要，同时基本公共服务提高与经济社会发展水平紧密相关。在目前我国城乡基本公共服务差距较大的情况下，加强农村基本公共服务建设极其重要。但基本公共服务发展需要一定的过程，现阶段强调县域内统筹是非常务实可行的。

去年中央一号文件分别部署了"提升农村基本公共服务水平"和"加快县域城乡融合发展"两大任务，今年中央一号文件将其整合提升为"加强基本公共服务县域统筹"，充分考虑了阻碍我国城乡融合的双重户籍约束和财政分权体制掣肘的现实问题。文件继续强调"医疗卫生"领域的补短板问题；同时，更加关注"一老一少"领域的公共服务问题，特别强调"实施新一轮学前教育行动计划"和"敬老院"等公共服务供给；与此同时，首次提出"推动基本公共服务供给由注重机构行政区域覆盖向注重常住人口服务覆盖转变"，凸显了"十四五"期间由"空间城镇化"向"人的城镇化"转变的趋势；继续强调"扎实推进城乡学校共同体建设"，并提出"实施村级综合服务设施提升工程"。

　　虽然近年来农村基本公共服务投入逐年持续增长，在基础教育、医疗卫生、综合服务等方面要实现城乡均等化还任重道远。例如，北大调研显示，有小学和幼儿园的样本村分别只有54%和43%，但有公立幼儿园的样本村仅占28%；虽然医疗卫生基础设施得到很快发展，村诊所覆盖面已达到96%，但也有16%的样本村没有标准化集体诊所；老年活动中心等养老设施缺乏，仅20%的样本村有养老院。

　　为解决农村基本公共服务供给不充分和不平衡问题，在现阶段从县域层面统筹发展极其重要。要构建从覆盖"行政区域"转变为覆盖"常住人口"的公共服务均等化体系；要进一步合理规划，瞄准农民需求，加强基本公共服务均等化进展。在目前我国城乡基本公共服务差距过大的情况下，加强农村基本公共服务建设极其重要；在加强基本公共服务县域统筹背景下，中央、省（市）和地区政府要特别关注和加大对欠发达县的基本公共服务建设投入的支持力度。

　　（作者系北京大学新农村发展研究院院长）

◎责任编辑：李珺

关于近十年来现代农业发展的思考和观察

⊙ 杜志雄

近十年来，中国农业发生了前所未有的重大变迁，围绕中国现代农业发展问题，学术界的不同学科进行了全方位的探讨，我在已发表的文章中，也提出过一些看法和观点，现归纳和总结如下。

一、中国现阶段农业现代化需要对农政根本目标进行重大调整

《中国农业政策新目标的形成与实现》（《东岳论丛》2016 年第 2 期）一文中指出，中国农业在经历长期依靠生态透支为支撑的增长之后，特别是在进入供需基本平衡、丰年供大于求的新格局之后，必须实现农业发展方式根本转化。而发展方式转化的前提需要有农业发展根本政策目标的调整，亦即在继续保持"保障农产品供给确保粮食安全"和"增加农业生产者收入"这两个根本政策目标的同时，需要增加第三个目标，亦即"保持农业可持续性"。第三目标的基本思想是：施加于农业生产资料（如土地）上的任何技术措施（如化肥、农药、种子、机械等技术使用），既不对农业生产资料及其产品质量本身也不对农业以外的生态环境系统产生破坏性影响（负外部性），从而使农业作为一个整体成为可以连续和重复的过程和状态。同时指出，在确立农业发展的第三个根本目标过程中，应强化农业生产新主体的培育，同时还要采取一切措施将这个新的发展目标植入到农业产业链所有主体的生产和经营行为当中去。

二、实现农业增长和农业现代化离不开农业生产服务

基于 2009—2012 年对河南农业现代化发展的跟踪观察，2012 年前后

发表的一组研究论文《农业生产性服务业发展的主要模式及其经济效应——对河南省发展现代农业的调查》（《学习与探索》2012年第9期）、《农业生产性服务业发展的瓶颈约束：豫省例证与政策选择》（《东岳论丛》2013年第1期），提出"农业服务外包"概念，并指出农业生产服务业发展使农业服务外包成为可能，它是作为农业大省同时也是农业优质劳动力输出大省的河南在当时能保持农业持续稳定增长的要因。文章还提出改革和完善体制与制度环境、构建财税政策体系、强化人才队伍建设、培育多元服务主体、整合服务资源、提高共享性等农业生产服务业发展建议。

三、加快发展农业规模经营要引导土地经营权有序流转

《农业规模化经营：现状、问题和政策选择》（《江淮论坛》2019年第4期）一文中指出，改革以来，土地流转为农业规模经营发展创造了重要条件，家庭经营型、股份合作型、工商租赁型土地规模经营稳步发展，服务带动型农业规模经营快速发展，家庭农场日益成为集生产与服务于一体的新型农业规模经营主体。当前，农业规模经营还存在土地经营规模偏小、农业劳动生产率低、土地"被流转"、流向不合理、土地租金显著上涨等突出问题。因此，加快发展农业规模经营要引导土地经营权有序流转；有效缓解农业经营主体融资困难需要优化农村信贷供给政策；提高农业经营主体风险保障水平需要大力发展农业保险，特别是政策保险；健全农业生产社会化服务体系的关键在于着力发展好农业生产性服务业。

四、要正确对待、适度干预新历史条件下土地租金问题

2014年3月,我在接受《三联生活周刊》（2014年第10期）记者的专访里指出，从长期看，土地租金事关农业可持续发展大局。人为压低租金至明显小于市场决定的租金水平，对保护农地流出户不利，但租金虚高，虽然短期、局部地增加了农地流出户的土地收益，但高租金对农业经营者获得合理利润报偿、保持农业可持续发展也是不利的。这两者之间要形成一种平衡。从根本上来说，农地的租金应该由市场来决定。但由于农业的特殊性，租金的高和低会对不同的利益相关者产生影响，这就使其成了一个公共领域的事情，要由政府在需要的时候来做出适度干预。在实际租金由市场最终决定的前提下，可以考虑按照土地的区位、土壤

肥力状况、土地产出类型等建立基准租金制度。对于明显高于基准租金的，政府予以适当补贴；对于明显低于基准租金的，应从保护流出户利益的角度监控租金的形成是否合理以及农户对土地流转是否知情、租金是否公平等。但需强调的是，所有的租金补贴对象，始终应该是真正从事农业的生产经营者。

五、中国需要尽可能走出一条"兴"字形农业现代化道路

《中国"兴"字型农业现代化的演化与趋势》（中国社会科学出版社，2019）一书中指出，改革开放以来，中国农业现代化的演化具有"八化"的特征，即：生产主体规模化（或者叫集约化）、生产手段机械化（包括智慧农业、数字农业都是传统机械化的延伸）、生产方式生态化（农业绿色发展）、生产运作资本化（包括金融进入农业）、产品销售品牌（标准）化、产品延伸加工化、产业形态融合化、产业系统组织化。这"八化"可形象地称为中国"兴"字型的农业现代化。"兴"字的一横就是规模化、机械化，"兴"字上面三点分别是生态化生产、资本化经营、品牌化营销，"兴"字下面的二点分别代表加工化和产业融合化。书中还指出，这八化特征越强，农业就会越加产业"兴"旺；同时，八化特征越强，作为农业生产者越能增收、农产品消费者越能增利、农业投资经营者越能获得合理回报，从而推进现代农业产业链利益相关者共赢、共享，人民高"兴"。这八化既是过去四十年中国农业现代化取得长足进展的特征和原因，也是未来中国农业现代化继续演进的目标和方向。

六、要重视农业农村现代化一体推进的挑战和应对挑战的路径选择

《农业农村现代化:内涵辨析、问题挑战与实现路径》[《南京农业大学学报（社会科学版）》2021年第5期]一文指出,学术界和政策界对于农业农村现代化的认识,不同阶段存在着较为明显的演进特征。农业农村现代化是农业现代化与农村现代化的有机耦合，农业现代化是农村现代化的基础，农村现代化是农业现代化的依托。农业农村现代化发展面临的突出问题与挑战表现在：农业农村基础设施建设相对滞后、生态与资源环境面临双重压力、生产成本攀升与供需结构失衡并存、农村产业深度融合发展亟需增强、城乡居民收入仍然存在较大差距、新型农业经营主体发展质量有待提高等。需要在优先支农扶农与完善基础设施建设、立足县域

载体推动产业深度融合、保障粮食安全促进农业提质增效、注重生态保护与加强乡风文明建设、强化人才支撑与促进新型农业经营主体（包括生产主体和服务主体）高质量发展等方面发力。

七、农业农村现代化要重视研究和把握乡村产业特别是农业发展的规律及演化方向问题

《充分认识产业发展规律　促进乡村产业健康发展》（《中国发展观察》2020 年第 Z2 期）一文，结合个人长期观察和研究，分析提出了乡村产业特别是农业发展微观层面上的规律和趋势问题。文章指出，从当前乡村产业发展的整体来看，特别是就其中的农业及农业相关产业的发展看，乡村产业发展已整体进入由"基础农产品生产和供给主导，向既重视基础农产品生产和供给，又重视农业农村多功能性产业化和乡村价值深度开发转化"的新阶段。鉴于这种转化，需重视六大规律和趋势：一是人越来越成为乡村产业振兴最大的生产力。乡村产业发展要人，发展成果的消费也要人。二是乡村资源和要素只有流转起来才能产生财富、实现财富增值。更具体地说，资源和要素流转的范围在一定程度上决定其价值的大小，更决定其服务的产业的拓展能力的大小。三是乡村产业发展形成的产品和服务需要通过流通半径的扩大与更广泛的消费者结合。唯有如此，才能实现产品和服务市场空间扩张与价值增殖。把远距离的产品销售到城市，实现远在深山的产品与城市居民需求的结合是一种长链化的追求。对小众、特色农产品，也可以将消费者引导到当地来消费，即通过建立短链食品消费体系，扩大产品的消费者群体，从而实现产品价值增值。四是提升乡村产业发展水平，增强其产品市场竞争力。必须适应消费者心理需求的变化，实现由单纯地卖产品向既卖产品也展示产品生产过程的转化。中国已经整体上进入农产品买方市场阶段，这意味着消费者对其需要的农产品有了更多的选择。农民除了要像以往那样卖产品，还要告诉消费者这个产品是怎么生产出来的，以及以这种生产方式产出的产品的质量安全性。五是乡村产业发展效果的好坏，最重要的检验标准是其效益的高低，而效益高低决定于"产业融合"的深度和广度。六是发展乡村产业必须贯彻落实绿色发展理念，要将生态和绿色融入产业发展的基因和灵魂。绿色发展是任何产业实现高质量发展的必然选择。

八、中国农业发展需要依靠自身力量、自主发展能力强的新型生产主体

《家庭农场发展与中国农业生产经营体系建构》(《中国发展观察》2018 年第 Z1 期)这篇文章指出,家庭农场处于中国农业生产经营体系构建的核心地位。理由在于,通过实证数据分析可以发现,家庭农场是合作社发展的参与者和助推者,是农产品加工企业生产原料的有效提供者,是使用农业先进适用技术、提高生产经营管理水平的示范带动者,是生态农业技术的使用者和农业绿色发展的实践者,还是为周边小规模农户提供农业社会化服务的提供者。而中国农业要提高资源使用效率、增加经营效益从而增强国际竞争力,从根本上说都将决定于能否形成具有生态自觉意识和企业家精神、工匠精神的,能够对不断变化的市场迅速实施"冲击—反应"式调整的,主要依靠自身力量而非依赖政府政策支持的,具有较强自主发展能力且区别于传统小规模农户的农业生产新主体。从家庭农场的上述表现看,它正在向这样的生产主体演化,成为农业生产主体重构、经营体系构建的重要力量。

九、农业生产主体培育是农业经营体系构建的核心

《将家庭农场置于新型农业经营主体的核心来培育》(《中共中央党校报告选》2020 年第 10 期)一文指出,农业生产主体培育是农业经营体系构建的核心,立论的依据是:第一,生产是农业产业链上各类产前、产中和产后服务主体发育、成长的必要前提和基础。第二,中国农业存在大而不强、质量和效益低、环境不友好、国际竞争力弱等问题,这与农业产业链上的所有环节和所有主体都有关系,但根本在于生产主体不强。不对以近 2 亿小规模农户为主体的农业生产主体结构进行适当改变,中国农业存在的问题难以根本解决。第三,新型农业经营主体培育既可以通过市场的力量,也可以通过政府的适当干预来进行。相对而言,农业非生产领域的主体培育和发展可以更多通过市场的力量实现自身发展和优化,而生产主体的培育需要政府来推进(如对租金的适当干预等)。

十、重视家庭农场是兼具农业生产和农业服务的新型农业经营主体

《家庭农场的生产经营和服务双重主体地位研究:农机服务视角》(《理论探讨》

2017 年第 2 期）一文指出，家庭农场作为当前和未来中国农业生产领域重要的新型主体，其在充分发挥生产功能、强化生产主体地位的同时，一定程度上也在利用其剩余机械等生产能力为周边农户提供生产服务，发挥着服务主体功能，且由于其与周边农户联系更紧密、对其需求更了解，服务效果会更好。这对于中国构建主体多元、竞争充分、分工协作的新型农业服务供给格局具有重要意义。为促进家庭农场快速、可持续发展，要积极鼓励、引导并支持家庭农场提高服务质量和水平，完善服务功能。另外，在构建新型农业生产服务体系过程中，也应将家庭农场纳入其中。

十一、家庭农场是处于农业产业链最前端的生产主体，是能衍生出其他主体的主体

农业产业链上的所有主体都可以称为农业经营主体，但农业经营主体不完全等同于农业生产主体。《中国农业基本经营制度变革的理论思考》（《理论探讨》2013 年第 4 期）、《中国农业政策新目标的形成与实现》（《东岳论丛》2016 年第 2 期）、《家庭农场发展与中国农业生产经营体系建构》（《中国发展观察》2018 年第 Z1 期）、《将家庭农场置于新型农业经营主体的核心来培育》（《中共中央党校报告选》2020 年第 10 期）等系列文章指出，家庭农场是一种承上启下的关键主体，小农户扩大规模以后形成家庭农场，而在切实需要合作的条件下，家庭农场之间的自发合作有助于形成真正的合作社这一主体，甚至经过产业化、链条化后形成企业这一主体。这也是习近平总书记多次强调要突出抓好家庭农场这一经营主体发展的内在原因。无论农业生产主体的特征如何，客观上存在着对"合作"的日常需要，但其是否将这种合作的需求转化为合作的行动，取决于其参与合作收益的大小，而收益的大小又取决于其经营规模的大小。相对于小规模农户，家庭农场对农资购买、农产品加工销售、运输贮藏以及农业生产经营技术等服务的需求更为迫切，尤其是规模化生产的特征，使其能从合作中获得的效益更大。因而，家庭农场首先是现有合作社的参与者。实践中，很多龙头企业将家庭农场作为原料基地，以克服小规模农户生产经营波动大、生产方式不规范和质量安全难保障且违约率高的风险和缺陷。

十二、一定限度内，土地流转和规模化不必然导致非粮化

《土地流转一定会导致"非粮化"吗？——基于全国 1740 个种植业家庭农场

监测数据的实证分析》(《经济学动态》2015 年第 9 期)一文的研究发现，由于非粮作物与粮食作物在劳动生产率上存在显著差异，家庭农场通过土地流转实现的经营规模较小时，非粮化的比例反倒较高。但随土地经营规模的扩大，非粮作物种植比例显著下降，土地经营规模较大的样本更倾向于种植粮食作物。在后来的研究中进一步揭示了除原有解释（劳动生产率）之外的其他理由，即：在一定的农场与市场边界内，作为新型农业生产经营主体的家庭农场的投资能力以及由农业机械特定用途导致的资产专用性问题。无论规模化程度如何，机械替代劳动都是必须的。机械的资产专用性——同一机械不可能适于多种作物，粮食生产机械不可能适用于种植其他作物（尤其是非粮食类作物），因而在一定的规模范围内规模化不必然会导致非粮化。同样的情况在一些地方的土地流转期限上也有所体现，例如，在黑龙江玉米大豆轮作区域调研发现，规模经营主体并不像很多人预期的那样倾向订立耕地长期租约。原因是种玉米的机械不能够用于种植大豆（轮作作物），如果一个拥有种玉米或种大豆机械的农场主，在不能有效实施轮作的规模内，他们并不愿意签土地长期租用合同。当然，所有这些讨论都是在家庭农场规模扩大了，但还没有到足够大的前提之下。在耕地规模足够大的情况下，农场主的种植结构、租期结构等行为如何调整又当别论了。

十三、生产端的变化对粮食安全的影响值得高度重视

《供给侧生产端变化对中国粮食安全的影响研究》(《中国农村经济》2020 年第 4 期)一文强调，粮食安全是涉及多领域的复杂系统，与生产、流通、分配和消费紧密关联，文章对中国粮食供给侧生产端面临的粮食生产成本急剧上升、粮食生产比较效益低和粮农生产积极性不足、粮食供给结构与居民随收入上升消费提档升级之间存在严重错配等等问题和挑战进行了深入揭示，并指出与进口端相比，供给侧生产端对于保障国家粮食安全具有决定性作用。因此，着力解决上述生产端问题，不断提高国内粮食综合生产能力和效率是牢牢把住粮食安全主动权的关键。

十四、粮食安全供给侧进口端的问题同样值得高度重视

在《供给侧进口端变化对中国粮食安全的影响研究》(《中国农村经济》2021 年第 1 期)一文中，我们继续对供给侧进口端对粮食安全的影响展开了深入分析，

并指出中国自2001年加入WTO以来，粮食进口规模持续增长，粮食进口结构不断变化，缓解了国内粮食生产的资源环境压力，有效满足了国内粮食市场的消费需求。但在粮食进口帮助解决国内粮食需求问题的同时，也存在国内大豆等产品过度依赖国际市场以及大宗粮食进口渠道过于单一，粮食进口的主动权、对国际市场的定价权等未能与农业贸易和进口大国相匹配等系列问题及潜在风险。据此提出要加快进口渠道多元化进程，尽可能将粮食进口重心不断向"一带一路"沿线区域和国家转移，让中国粮食安全的"饭碗"端得更稳；在国际粮食贸易受新冠肺炎疫情影响正经历大调整的背景下，注重实现国内粮食生产的转型升级，用好农产品金融工具，强化价格风险管理，以"食物安全"的观念丰富和完善粮食安全战略。

十五、在粮食安全问题上要树立"粮食多了的烦恼优于少了的困顿"的观念

基于上述对粮食供给侧生产端和进口端存在的问题和挑战的分析，2021年4月发表于《中国农村经济》的笔谈文章《提升粮食和重要农产品供给保障能力》指出，粮食和重要农产品具有刚性需求特征，同时它也是诱发和放大市场价格波动的基础性产品。更为重要的是，其生产和供给较之其他产业而言，受自然、市场和生产者意愿调整等因素的影响更大，更加具有偶然性和不可预见性，因而基于效率因素的单一考量建立一个粮食和重要农产品供需恰好平衡的格局几乎不可能。在充满不确定性的世界贸易格局下，对于一个人口大国而言，中国立足国内资源，尽可能经济、理性地提升粮食和重要农产品供给能力是必要的。粮食等重要农产品多了，一定也会有"多的烦恼"，但对"多的烦恼"的化解一定远易于破解"少的困顿"。

中国农业大而不强，正处在"由弱到强"的演化过程当中。三农学者应当承担起为促进中国农业由弱变强积极建言的历史责任。

（作者系湖南师范大学中国乡村振兴研究院专家委员，中国社科院农村发展研究所党委书记、研究员）

◎责任编辑：李珺

长江流域乡村文化的成长烦恼

⊙ 孙若风

　　乡村振兴在长江流域方兴未艾，黄金水道旁的乡村文化也迎来黄金时期。就历史传统和现实基础，长江流域的乡村文化发展应该能在全国走到第一方阵，让万里长江的两岸，成为由一幅幅现实版《富春山居图》构成的乡村长廊。但是，一江跨南北，一水牵万乡，家家有本难念的经，村村也有自己的"成长烦恼"。

　　刚刚在全国完成脱贫攻坚任务，几乎是举全国之力打的一场硬仗，而着力点仍然是在一些局部的贫困县区乡村。在此基础上实施的乡村振兴，则是面向全国乡村的浩大战役。如果说脱贫攻坚战，如同长江上游的水流激越地穿过高原、山地、峡谷，那么到了乡村振兴，则如同长江到了中游，江面宽展，波澜不惊，下游更是江阔水深，河网纵横。进入乡村振兴阶段的长江流域乡村文化，也是在这样的整体规模和节奏中推进，在荡漾的江水旁边荡漾起乡村的人间烟火，用不舍昼夜前行的江水，丈量乡村文化的发展。

　　长江流域乡村千差万别，都将按党中央关于乡村振兴的统一部署，按照《乡村振兴促进法》的法定要求，开展乡村建设，并对标"文化振兴"的具体，推进乡村文化发展。长江上游的云贵川地区，分布着较多经济发展滞后的乡村，中游和下游，也有不少这样的乡村，这些乡村在前一阶段的脱贫攻坚中成功地摘掉了贫困帽子。在这个过程中，它们根据当地优势，结合帮扶单位的力量，一鼓作气，历尽艰辛，无论是通过何种产业实现了脱贫目标，都是一个精神磨砺、文化成长的过程。更何况，其中有不少乡村依托文化产业、旅游业走出了贫困。这些乡村，因为交通不便、位置偏远，各类产业发展受到制约，但是，也正是在这样的地方，保留了良好的自然生态和丰富的文化资源，有利于开展乡村特色文化产业和旅游业。

我的家乡安徽省安庆市岳西县，是革命老区，也是国家级贫困县，正是利用这种自然风光优势和文化资源优势，成为著名旅游目的地，率先实现了脱贫目标。今天，这些地区的乡村，一方面要巩固脱贫攻坚的成果，防止阶段性任务完成后因为懈怠出现返贫，特别要注意文旅产业风险大、比较脆弱，更需要后续力量的及时跟进。另一方面，脱贫攻坚目标是帮助农民依靠产业，包括文旅产业，实现脱贫，其他还无暇顾及，特别是在乡村文化发展的其他方面，还有很多缺项弱项。

脱贫攻坚以外地区的乡村，经济发展相对要快一些，但在开展乡村文化建设方面，仍然有很多突出矛盾和问题。长期的城乡二元体制下，不少地方的乡村在公共文化服务领域等方面欠账太多，历史包袱很重。有些公共文化设施建起来了，但是利用率低，而且疏于管理。一些乡村只是把精力放在发展经济上，不重视文化建设。有些已经成为空壳村，只剩下老人与孩子，像被撂荒的土地一样，文化也被撂荒了。有的地方因为疏于文化建设，优秀传统文化遗失，村规民约不再起作用，道德建设青黄不接，封建落后的文化又沉渣泛起，黄赌毒抬头，再加上城市文化垃圾的侵入，给乡村精神文明和文化建设带来一系列严重问题。

前些年不时见诸媒体的是，有些地方的乡村在办婚丧宴请时邀请草台班子表演低俗内容，而且习以为常，屡禁不止。在这样的地方加强乡村文化建设，比"在一张白纸上作画"还要困难一些。还应引起关注的是，一些躲避文化市场管理的企业或项目向乡村转移，甚至是文化垃圾下乡。还有一些高档奢华的民宿进入乡村，不仅与国情不符，也与当地乡土文化格格不入，与村民更是毫无关联，成为一座"乡村文化孤岛"。乡村精品文旅项目，应该体现在内涵上，特别是在艺术、创意上多下功夫，而不是体现在高档奢华上。乡村文旅项目只要合规合法，也应该允许存在并倡导多元化发展，但政府在导向上，特别是在项目支持、政策扶持等方面，要考虑把重点放在哪些方面。

大轰大嗡、雨过地皮湿的搞法是不行的。乡村文化要实实在在地进入乡村生活，用日常化的方式水乳交融地成为村民生活的一部分。生活美学是中国传统美学，没有这样的生活，老百姓就没有文化上的获得感。老子、庄子都是在长江流域的乡村长大并形成其思想的。禅宗的一祖达摩是印度人，他一苇渡江，弟子和再传弟子二祖慧可、三祖僧璨，都是中国人，也开始了佛教的中国化，他们就在我的家乡安徽安庆岳西县一带活动，司空山是其发展的基地，我小时候多次去爬这座不太高的山。禅宗的四祖、五祖后转至附近的湖北黄梅县。禅宗是被老庄思想改造过的佛教，其理想范式都指向日常生活。人生有味是清欢，这是千百年来文人与民间的共同审美标准，这样的文化取向和审美趣味今天也没有改变。在乡村做文旅，就是要把工作的牛鼻子牵起来、把文化平平淡淡地融入乡村日常生活中，朴实得就像长江边上一个放牛娃。

因此，无论是刚刚摘掉贫困帽子的乡村，还是经济条件较好的乡村，在乡村文化发展上都有新的"难念的经"。必须按照《乡村振兴促进法》中相关要求，认真落实。特别是其中"文化振兴"部分，更要逐一对标，从本地实际出发，创造性地解决矛盾和问题。

同样，长江流域的乡村文化建设，应该具有以下几个共同亮点，这也是应该珍惜并扩大的发展优势。

一是生态。"长江经济带"提出伊始，放在首位的是生态，而不是经济，它强调的是，不能只顾发展经济而忽略、破坏了生态。长江是这个流域的生态标识，是人赖以生存发展的根本，也是这个流域的文化命脉和维系纽带。有水的地方人有灵气，水涵养了这个流域乡村的秀气、人的灵气。长江是一代又一代长江儿女的精神乳汁。从《诗经》开始，这个流域的乡村有多少吟唱这个流域江湖河汉的作品、吟唱这里特有的"草木虫鱼鸟兽之名"的乡土作品，薪火相传，这里的人创作了这些作品，这些作品又哺育了后来人。大学里的文学史教科书公认，中国最早的诗歌是二言诗，现在可以查考的是"断竹续竹，飞土逐肉"。这首歌在今天苏州吴歌中仍然鲜活地存在着，而吴歌多年前就被国家认定为非物质文化遗产。它反映的狩猎生活，或许比后来以定居为特征的乡村还要早。几年前我在吴江区非遗传习中心听到这首来自远古的山歌，怅然发思古之幽想。

长江流域的乡村文化离不开长江这方水土。习近平同志在浙江担任省委书记时就在安吉提出，绿水青山就是金山银山。担任总书记后，在多个场合，包括在长江流域，又反复强调乡村自然生态保护的重要性。"看得见山，望得见水，记得住乡愁"，青山绿水是乡愁的载体。把青山绿水转化为金山银山，文旅产业就是重要手段之一。乡村振兴，产业第一，而乡村文旅产业就是新兴产业，而且可以赋能于相关产业。文旅产业相对来说是绿色产业、朝阳产业，有利于生态保护。但也要认识到，在乡村做景区或其他大的旅游项目，要注意保护生态。自古以来，我们的前人就靠山吃山靠水吃水，没有这样的山水，就没有吃的条件。留得青山在，不怕没柴烧，关键是要有青山，才能有可烧的柴。当然，今天长江流域的乡村，守着青山，但并不烧山上的柴，而是用其他燃料。

二是文化。近年来，围绕长江经济带建设发生的一个重要变化是，除了强调生态的重要性，文化的权重也在明显增加。在党中央的推动下，文化自觉成为全社会的共同自觉，文化自信成为自下而下的社会自觉。充分发挥文化的作用，是各级党委政府思考工作的重要维度。除了长江经济带，在国家近年来提出的任何一项区域性发展战略中，文化都有这样的显著地位。而在长江流域，特别在这个流域的乡村，文化又确实占有突出的优势。长江流域的上游，集聚着众多民族，自古以来，他们的文化在这里碰撞、交融。有些民族现在仍以鲜明的特色显示着存在，有的民族已经沉没在历史长河中，但把自己的文化血液灌注到其他民族，使这里成为文化资源的富集区、中华民族大家庭的基因库。长江中下游，是宋代开始的政治经济中心南移的文化重心，许多城市成为文化重镇。"江南文化"一直是引人向往的文化符号。这个区域的乡村，以稻作文化为特征，年复一年在各自的乡土文化上深耕细作，使得这里的乡村农业文化遗产和非物质文化遗产极为丰富和生动，至今还传承有序。

对长江流域的乡村文化，首先是保护，而且是像生态一样保护。云南是拥有少数民族种类最多的省份，习近平盛赞这里的乡村民居，强调新农村建设一定要走符合农村实际的路子，遵循乡村自身发展规律，充分体现农村特点，注意乡土味道，保留乡村风貌，留得住青山绿水，记得住乡愁。在洱海边他又强调，经济要发展，但不能以破坏生态环境为代价。生态环境保护是一个长期任务，要久久为功。一定要把洱海保护好，让"苍山不墨千秋画，洱海无弦万古琴"的自然美景永驻人间。我们注意到，长江流域的各个区域，都把乡土文化保护放在重要位置上。自从国家开展非物质文化遗产保护工作以来，浙江省在"国家级非物质文化遗产"数量上一直占据首位，既与这里的经济发展比较快、有经济实力开展保护工作有关，更与这里保护乡村文化的强烈意识有关。而这种保护传承意识，实际上又源自这里自古以来重视文化的传统。这里的人像传承"耕读传家"传统一样，呵护着一方乡土文化，已经成为近乎"文化本能"的行为。

三是产业。长江流域，特别是中下游城市，很多现代产业的历史可以追溯到近代，有比较好的产业基础和相对齐全的产业体系。近代江浙一带乡村，农业之外的一些产业起步，甚至比城市还要早，鸦片战争后帝国主义列强对中国经济严重冲击，突出表现之一，就是对乡村相关产业的掠夺和毁灭性打击。改革开放后，江浙一带除了传统农业以及与之相关的轻工业、纺织工业、丝绸工业之外，重工业和相关产业十分薄弱，乡镇企业挟发达农业带来的原始积累和原材料，"乘虚而入"，异军突起，给当地经济带来活力。近年来，又因占有多方面优势，在新兴产业方面，特别是在利用互联网平台方面，往往引领着潮流。目前，我们国家的文化装备制造业，特别是舞台音响、灯光、升降台等，最突出的两大片区是长三角和珠三角地区，这里的企业，包括一些上市公司，最初就是从乡村起步，在小作坊式的车间里慢慢做起来的。

长江流域的乡村文旅产业也是源远流长。2011 年，国务院常务会议通过决议，把 5 月 19 日定为"中国旅游日"。浙江宁海人徐霞客这一天写下了他的《徐霞客游记》开篇《游天台山日记》。这位明代伟大的旅行家、地理学家、文学家，从他的家乡江阴马镇（现改名为徐霞客镇）南旸岐村出发，其故居现在是国家级文物保护单位。实际上，历史上，我国旅游意识的觉醒也是在美丽的江南实现的。六朝是文学自觉的时期，也是旅游的自觉时期，出现了谢灵运这样最早的旅游者。陶渊明在长江边的乡村写下了《山居》等一系列作品，是后来田园诗、今天周边游和乡村游等旅游文学的源头。一个时期以来，长江流域，从江之头到江之尾，从欠发达地区到一般地区和发达地区，乡村文旅产业做得风生水起。在一些旅游业态上，或者是首开先河，或者是人有我优、人优我精、人精我特，创造了不少经典案例。在乡村，文旅产业不仅自身加入了"现代产业"的行列，而且，还发挥其融合能力强、黏性大的优势，或赋能于相关行业，或直接带动相关行业。比如乡村旅游，直接带动农产品的销售，为一个乡村带来的经济效益远远超过旅游产业自身产生的经济效益。

或许，更重要的还是长江流域的乡村在发展文化和旅游产业方面的思想意识。特别是市场意识和创新意识，它既是来自乡村根深蒂固的传统，又被打上了时代烙印。如今在乡村文化的破局中，尤其需要这样的意识。

四是市场意识。商业的种子很早在长江流域萌芽。长江上游，古蜀国的三星堆遗址发现了来自下游良渚遗址的玉琮，还发现了其他区域的文物，比如长江中游湖南岳阳陶器。自古以来，长江流域就分布着大大小小的码头、商埠，形成了纵横交织的市场、物流网结点。依托长江开展的长途大贩运，浩浩荡荡，《史记·货殖列传》说荆州一带"富商大贾，周流天下"。依托支流及河汉进行的商贸活动，更如涓涓细流。陶朱公范蠡千百年来始终受到民间的顶礼膜拜，在宁波等地的乡间有不少纪念遗迹和传说。徽商的崛起，与徽州贫瘠有关，所谓"前世不修，生在徽州，十三四岁，往外一丢"，但更是出自乡间经商的习惯性选择。这样的商业种子，一旦有适宜的气候，就蓬勃生长起来。义乌"鸡毛换糖"，从田间地头走进了都市，又走进了国际大市场，堪称商业传奇。改革开放、建立社会主义市场经济体制以来，长江流域的部分区域觉醒较早，良好的商业环境激活了市场意识，城市如此，乡间也是如此。穷则思变，乡村往往表现得更生猛，更有闯劲。长江流域乡村文旅产业，就是在这种文化长期浸润下，更是在今天的市场环境中，迅速成长起来的。虽然这个流域的乡村情况各有不同，但相对而言，无论是生产者还是消费者，是管理者还是从业者，都具有比较好的市场意识：知道政府与市场各自的边界在哪里；知道生产者和消费者的责任和权益是什么；知道做乡村文旅产业与其他产业有一样的原则，也就是把握市场先机和尊重市场规律，知道做文旅产业与其他产业又有一个重要区别，就是它要符合国情民意，符合公序良俗，要把社会效益放在首位、努力实现社会效益与经济效益相统一。

总体上说，乡村文旅市场不是独立的市场，它是在与城市的关联、互动中形成的，这带来了这个市场的张力，以及由此形成的种种市场发展上的可能性。它可能是城市市场的延展，是城市与乡村两方面的生产经营者共同的方向，比如网吧、书店、歌厅，但主要是乡村特有的项目，比如特色文化产业和特色旅游业；乡村特色文化产业旅游业的主要模式是乡村为生产经营主体、城市为消费主体，但也不排除当地及附近乡村消费者的进入；乡村文旅产业面对的是文旅市场，但这个产业一般又能带动相关产业的市场，特别直接的就是农特产品市场。如此等等，长江流域的乡村已经进行了有益探索，并提供了很多经验和模式。

五是创新意识。自古以来，长江流域交通便利，人员流动性强，商贸活动活跃，信息交流频繁，为开阔眼界、探索创新创造了条件。相对优越的自然环境、丰富的农产品供给，各类市场的发育成长，为创新目的实现提供了基础。中华民族众多的发明创造出自长江流域，仅围绕农耕文化方面，就有一系列围绕稻作文化的核心、关键技术的创新，与麦作文化的代表区域黄河一起，成为名符其实的中华民族母亲河，进入国家名录的大量农业文化遗产和非物质文化遗产，就是有力证据。文化艺术方面的创新，在历史上，长江流域代表着南方最高、最前沿的水平。从宋以后，基本上是引领全国的创新潮流。新中国成立以后，特别是改革开放以来，无论是专业艺术还是民间艺术，无论是城市艺术还是乡村艺术，无论是文化事业还是文化产业，其创新成果如同雨后春笋。比如，在公共文化服务方面，宁波率先提出"十五分钟文化圈"，先在城市得到实现，接着就在乡村陆续铺开。这个经验推出将近二十年了，到现在都没有过时。

长江流域的乡村文旅产业，就是这种创新风气的产物。而且，由于文化自信的增强，文化创新得到国家大力支持，以文化创意为核心的创意经济正在兴起，文化产业和旅游业获得空前发展，为乡村文旅行业的创新打下了坚实基础。乡村文旅产业链长、就业创业门槛低，也为大众性的创新提供了便利。目前乡村文旅产业为行内看好，又正逢当今出现了艺术介入乡村的世界性潮流，中国的艺术家、设计师由于中华优秀传统文化的回归和自身血液中潜藏着的乡土文化基因，表现得更加积极。今天的乡村蛰伏着大批创客，如果说发达国家是以"咖啡创客""车库创客"闻名，中国也有这样的模仿，但是，在中国，最有代表性的是乡村创客，这也是乡村创新创造的例证。最重要的是，乡村文旅产业是新兴产业，而且是依靠想象力的产业，创新创造的空间大，机会多，成功概率高。"创造在基层，希望在民间"的铁律，在今天的乡村屡屡得到验证。文化和旅游行业是窗口行业，乡村文旅更是如火如荼，乡村民宿更是站在风口上，成为乡村旅游的标配。可以说，在长江经济带中，乡村文旅产业是其中最亮眼的组成部分。乡村文旅创新，其劲可鼓，其势可用。

日常的乡村审美生活，来自日常的乡村审美创造。今天，长江流域的乡村文化人，如同"锄禾日当午，汗滴禾下土"的农人，在那片土地上辛勤耕耘，春耕秋收。要倾听麦苗破土而出的声音，呼吸稻子的香气，像孔子说的那样"多识于草木鸟兽之名"，恢复已经在都市退化的嗅觉、听觉与触觉，亲近乡村和乡村的主人。种瓜得瓜种豆得豆，土地不会亏待庄稼人，乡村不会辜负文化人。

（作者系文化和旅游部科技教育司原司长）

◎责任编辑：李珺

当前中国农村土地制度改革的基本判断与关键重点

⊙ 郭晓鸣

站在新的时代起点上，深刻把握习近平总书记关于农村土地制度改革的相关论述，客观研判当前阶段我国土地制度尤其是农村承包地和宅基地制度改革的基本态势与客观挑战，明确当前和今后一个时期我国农村土地制度改革的关键重点具有必要性、紧迫性、重要性。本文重点围绕承包地"三权分置"改革和宅基地制度改革，略谈一些基本判断与突破关键。

一、当前我国农村土地制度改革趋势的基本判断

1. 农村土地是乡村振兴与共同富裕最核心的资源支撑

乡村振兴是我国继脱贫攻坚和全面小康之后推动农业农村实现共同富裕的重大战略举措，而土地是农村最重要的生产要素，能否有效盘活土地资源是乡村能否真正实现全面振兴的关键。一方面，在城镇化、工业化快速推进和农村劳动力大规模转移的背景下，面对家庭承包责任制以土地均分为基本特征的超小规模小农经营方式的局限性，以及土地经营粗放化、老龄化、低效率、低效益等现实问题，承包地三权分置改革通过保障进城农民的基本土地权益和放活经营权以提高极为稀缺的耕地的利用效率，为破解上述现实困境提供了有价值的政策选择。另一方面，在乡村振兴与共同富裕的新时代和新形势下，乡村的空间优化、产业升级、集体经济再造、治理改善等多个领域无不表现出对土地制度变革给予基础性支撑的基本要求和强烈需求。其中，农村宅基地是中国农村土地中最重要的组成部分之一，在中国农村土

地供求矛盾不断尖锐的背景下，对农村宅基地的关注达到前所未有的高度，尤其在全面实施乡村振兴战略的新的过程中，有效激活农村宅基地是解决城市用地成本高与突破乡村土地资源大量闲置双重困境的关键选择，同时也是打通城市资本与农村土地连接通道的重要引爆点，是进一步全面释放改革红利最关键和最有效的突破口。因此，农村土地尤其是承包地和宅基地作为乡村振兴与共同富裕最核心的资源支持，具有进一步全面深化改革的紧迫性。

2. 农村土地制度改革面临超强外部动力与较大潜在风险的双重困扰

在土地资源供给全面趋紧和转向高质量发展的背景下，地方政府对撬动以宅基地为主的农村资源具有超强的驱动力，但无论是农地三权分置改革还是宅基地制度改革，地方政府过度行政主导极有可能偏离产权主体的利益，有可能带来农民利益受损、土地利用失控等多方面的潜在风险。一方面，现实中农地三权分置改革的实际政策取向普遍倾向于强化经营权权能，以提高土地连片集中水平，加速土地规模化进程，在此情况下，由于体制惯性作用和地方政府的规模偏好，如果缺乏有效约束机制，农地三权分置改革有可能因无序推进而变形走样，在一些地方导致大规模圈占农地、大规模改变农地用途、大规模损害农民土地权益等现象发生，进而加剧耕地短缺矛盾甚至危及粮食安全。另一方面，当前农村宅基地大量存在的低效利用现象，表面上看是由于管控缺失和农民缺乏对闲置资源的配置能力，但究其根本原因在于长期以来地方政府在宅基地管理制度中的缺位和错位以及权能赋予的不充分，当前一些地方在推进宅基地制度改革过程中表现出强烈的政府驱动趋势，改革取向主要为满足地方政府的用地需求，这不仅可能会变成对农民权利的一种新的剥夺方式，而且会严重偏离激活土地资源和增进农民福利的改革目标。

3. 农地流转在现实中普遍存在多重矛盾

伴随农地三权分置改革的不断深化，我国土地流转已有较长时期发展并取得重要进展，土地流转呈现比重不断提高、方式日渐多元、适度规模加速发展、产权意识显著增强等基本态势，对我国农业现代化转型发展发挥了重要促进作用，但随着改革步入深水区，普遍存在着以下几方面的突出矛盾：一是集体经济组织对土地流转后的使用"不知情"，对土地毁损、质量下降、改变用途等缺乏基本监管，所有权主体地位缺失。二是农民对土地流转"不安心"，由于土地权能残缺，地方政府在土地流转中代民做主，行政干预过度，农民独立的土地承包权益得不到有效保障，农民不仅担心转让经营权后失去原有的优惠政策，而且害怕经营权抵押融资会导致自身的承包权受损。三是适度规模经营主体对土地流转"不踏实"，由于产权关系不清晰，流转过程不规范，流转协议缺乏法律约束力，土地流转后必然存在不稳定现象，受让土地的各种主体难以形成长期性土地投资行为。四是土地流转配套制度"不健全"。一方面，土地经营权流转越快，社会资本进入越多，融资的需求就越强，发生风险的可能性也越人，这就必然带来对农地流转的收储、再流转等制度设计的现实需求；另一方面，因为单个农户土地流转面临许多制约，客观上要求通过土地股份化的方式实现土地流转的"集体行动"，这就必然带来新的土地合作组织在资产管理和利益分配上的有效监管问题。如果这些相关的配套制度设计不能及时跟进或存在缺陷，则难以避免带来潜在的各种风险。

4. 宅基地制度改革面临失序、失效、失能挑战

当前我国稳慎起步的农村宅基地制度改革面临的挑战主要表现在三个方面：一是宅基地利用呈现严重失序。长期以来我国农村宅基地的成员权取得和无偿获得制度，导致了宅基地利用既面临大规模人口减少与宅基地利用规模扩展并存矛盾，也存在"一户多宅""占用耕地建房""地下市场交易"等极其尖锐又客观存在的闲置与浪费并存问题。二是宅基地的行政性管理手段严重失效。尽管我国在宅基地管理上的相关法律规定非常严格，但在实际管理过程中尤其是 20 世纪 90 年代至 21 世纪初期的较长一段时期内，地方政府对宅基地使用的管理基本处于缺位状态，从而使农民宅基地的扩张处于无序甚至蔓延之势，进而很大程度上导致了"一户多宅""违规乱建""和"地下交易"等乱象丛生的局面。三是宅基地的内生性管理机制严重失能。农村集体经济组织作为农村宅基地所有者，长期以来由于所有权主体地位的虚置，不仅没有对荒废、闲置的宅基地按相关法律规定进行无偿或有偿收回以提高利用效率，而且在近年来最为严格的宅基地审批管理背景下，集体经济组织也没有为保障合法合规农民的宅基地使用权尽到管理职责，从而导致农村宅基地浪费严重与保障不足并存，特别是大量新型经营主体对农房的生产性功能需求得不到有效满足，成为乡村产业发展、农民收入增长的限制性因素。

5. 农村土地制度改革必须构建多元化目标体系

生产力发展的客观要求决定了我国的农村土地制度改革必须持续深入推进，

实施更多触及社会生产关系和变革本质的改革内容，破解农村土地产权制度的关键问题，消除与现代乡村生产方式相悖的制度阻碍，这也意味着，改革将面对更加复杂的利益冲突和更大的阻碍力量，存在更大的潜在风险和更多的质疑，更加需要对改革保持坚定的信心，并对改革目标进行清晰的判断。就现阶段的土地制度改革实践而言，无论是农地三权分置改革还是宅基地制度改革，都不应是简单地盘活沉睡的农村资源、激活乡村闲置土地为城市资本下乡提供用地空间、通过土地出让实现农民和集体经济组织相应的收益增长等，这些固然是农村土地制度改革的重要目标，但绝不是唯一目标。如果仅仅是把农村土地制度改革作为土地财产价值实现目标的单一过程，就会表现出很强的选择性改革的基本特征。我国农村土地制度改革必须放到提升中国农业产业竞争力和城乡融合发展这样的宏观视角来思考，中国农地制度改革的政策目标应当是通过优化土地资源配置，重构更有效率的承包地和宅基地制度体系，进而构建更具竞争力的农业发展体系和更加完善的城乡关系。因此，农村土地制度改革应该完成对中国稀缺的土地资源进行优化重组的历史使命，农村土地制度应该由封闭、固化、单一的权利结构向开放、流动、复杂的权利关系变迁，必须构建均衡的目标体系和系统化的框架内容，在促进土地资源配置优化基础上，实现产业体系重构、集体经济重构和乡村治理重构的多元化目标。无论是承包地还是宅基地制度改革，改革重心都应当围绕赋能、审批、优化、分配、利用、监管等关键环节构建完整的制度体系。

二、当前我国农村土地制度改革的突破重点

基于上述对当前我国农村土地制度改革趋势的基本研判，在新的形势下，当前我国农村土地制度改革应当围绕以下关键进行重点突破。

1. 明晰产权基础
产权明晰是产权权益保护、产权价值实现的前提。就农地三权分置改革而言，前期的确权登记颁证为深化改革奠定了坚实基础，下一步深化改革的重点在于进一步明晰权利边界和赋予完整权能：所有权方面应完善集体经济组织对土地流转的基本知情权和应用的监督权；承包权方面应重点从法律层面明确赋予继承、抵押、退出等权能；经营权方面应重点平等保护多元化土地使用者的各项合法权利。

就宅基地三权分置改革而言，关键是在加快农村房地一体确权登记颁证工作

基础上：在宅基地所有权方面重点建立宅基地有偿使用制度并明确集体经济组织的审批、分配、收储等权能；在宅基地农户资格权方面重点探索"固化成员"取得方式和完善自愿有偿退出制度；在宅基地使用权方面重点建立完善转让、互换、赠予、继承、出租、抵押、入股等宅基地盘活利用制度。

2. 重构制度体系

在农地三权分置改革的制度体系方面，重点应完善规范流转、抵押融资、风险防控、利益联结等制度体系，强化土地经营权流转的合同管理并优化产权交易平台的服务功能，建立农村产权价值评估体系并创新满足差异化融资需求的金融产品供给模式，建立完善的流转资格审查、履约保证金、收储再流转等系统化的风险防范处置机制，创新完善"公司＋合作社＋农户""股金＋租金＋薪金""社会化服务＋小农户""土地流转优先返聘""保底收益＋二次分红"等多样化的利益联结机制。

在宅基地改革的制度体系方面，重点应建立完善审批、赋能、利用、分配等制度体系，健全农村宅基地信息及审批管理系统建设，通过编制村庄规划科学安排宅基地布局并构建"留白"机制，规范有偿使用费、服务费和盘活利用收益分配使用，制定发布宅基地基准地价、农房指导价、农村宅基地及农房价值评估办法，制定闲置宅基地及闲置农房使用权流转办法，深入推进宅基地自愿有偿退出改革试点，完善宅基地退出的申请与审批机制、宅基地退出补偿资金的循环机制、已退宅基地的收储利用机制。

3. 推进柔性改革

农民是农村土地制度改革最重要的利益主体，应当成为改革的主要参与者和利益分享者，因此，深化农村土地制度改革必须全方位构建农民自主参与机制。应基于构建社区治理共同体视角，通过加强村级组织规范化制度化建设，引导并鼓励村民以全体选举产生的村民议事会、村民理事会等组织为载体，全权承担推进土地改革的重要责任，通过乡村本土精英的引领和示范作用，形成参与式"柔性"改革的良性机制，真正实现农民的事情由农民办、农村的矛盾由农民化解，进而降低改革成本并提高改革效率。

4. 强化难点突破

深化农村土地制度改革必须坚持问题导向，聚焦农地三权分置改革和宅基地制度改革面临的主要问题和挑战精准发力，力争在关键环节和重点领域取得实质进展和制度创新成效。在农地三权分置改革方面，关键是重构让集体经济组织知情、农民安心和经营者放心的土地产权体系，重点突破三个方面的难点：一是有效解除农民的后顾之忧。应合理区分惠农民政策和强农业政策的差异，一切以农村集体经济组织成员为对象的惠农民政策都应保持基本的稳定性，不能因转让经营权而转移或减弱。同时，土地抵押融资如果发生按协议实施拍卖，其丧失的只应是土地承包期剩余时间的经营权，不能以任何方式影响农民的基本承包权利。二是有效抑制地方政府的规模冲动。应当在进一步完善土地产权改革基础上，建立农民自主决策、集体经济组织内部监督和政府部门外部监控三大土地流转机制，坚持土地流转因地制宜、循序推进。三是有效防范经营权流转的现实风险。应建立体系化的农地流转防风险机制：在前端，应建立完备的征信体系，设立各种经营主体进入农业经营土地的准入门槛；在中端，要建立经营土地的风险保障金制度，约束各种可能发生的经营土地的短期化行为；在后端，重点是建立土地风险补偿基金和农地收储机制，一旦发生风险能及时予以相应补偿或收回土地再次流转，以保障流转土地农民的基本利益。

在宅基地制度改革方面，应重点突破三个方面的难点：一是有效破解宅基地自愿有偿退出激励不足的问题。农民对宅基地未来有相对较强的土地升值预期，而宅基地长期无偿福利性供给，使农民的持有成本几乎为零，所以不愿意轻易放弃。应在坚守底线和确保农民权益的基础上，以强化社会保障为重点建立一定的激励机制，在一些财力基础仍然薄弱和集体经济实力有限的地区，可以探索构建有约束的社会资本进入机制，实现闲置宅基地的盘活利用。但同时必须引起高度重视的是，宅基地制度改革应该是渐进有序的、基于农民自愿的过程，不能有明显的诱导性政策让农民弃地进城。二是有效破解宅基地退出和使用存在空间错位的问题。闲置宅基地零星分散分布现状与新产业新业态连片集中用地需求不相吻合，村庄规划或者滞后或者调整困难，实践中的集中使用探索面临完善用地手续困难和存在违法用地的潜在风险。应提速村庄规划步伐，在符合规划要求前提下建立动态的农村建设用地调整机制。三是有效破解宅基地产权保护滞后的问题。一方面，集体经济组织缺乏宅基地所有权主体的利益实现形式，实践中收取有偿使用费、管理协调费的探索缺乏法律依据；另一方面，大量新型农业经营主体对长期稳定使用宅基地的需求极为强烈，但普遍面临用地困难、权能缺失和期限过短三重约束。应为宅基地产权保护提供更明确的法律支撑，并实现其更深层次的制度突破。

5. 加强集体赋能

农村集体经济组织作为承包地和宅基地的所有权者，在深化农地制度改革中，应基于强化集体经济组织主导地位进行赋权赋能，让农村土地制度改革成为集体经济重塑优势的重大机遇。应在农民自愿有偿基础上探索创新集体经济组织统一流转土地的实现形式，鼓励和引导集体经济组织以农地与农业企业、合作社、家庭农场等经营主体深度合作，通过自主经营、租赁经营、入股经营、合作经营等形式参与农产品加工、休闲农业、乡村旅游等，引导集体经济组织积极参与农业生产性服务供给，激励集体经济组织组织农户参与农业基础设施项目建设和后续管护。在深化农村宅基地制度改革中，应以集体经济组织为闲置宅基地及闲置农房收储盘活主体，实施统一收储、统一运营、统一盘活。引导并鼓励有条件的集体经济组织审慎开展宅基地"特别资格权"认定探索，完善"新村民"引进标准、程序和管理办法及宅基地"特别资格权"认定机制，构建并引进乡村发展急需人才联动的开放式宅基地盘活利用机制，形成从短期化土地要素利用到长期性深度参与的制度导向。

6. 重视改革协同

实践证明，各项农村改革任务之间具有极强的互补性、关联性和耦合度，单项推进改革或者单一部门主导改革的方式，在改革初期往往能较快见效，但当改革进入向深度推进的新阶段，分段分块独立进行改革试点的局限性就日益充分地显现出来，由于缺乏协同性和联动性，不同改革不能相互支持，导致制度规范之间发生冲突、改革效应形成抵消性削弱，难以充分释放改革的政策红利。随着城市融合互动的不断加速，封闭的农地制度改革将面临诸多障碍，深化更加开放性的农地制度改革是必然选择。因此，针对农村改革进入深水区的阶段特征和关联性强的基本特征，当前阶段我国农村土地制度改革必须高度重视协同联动，不仅承包地改革应当与宅基地改革相互联动，集成推进，而且农村土地制度改革的整体推进还必须与具有高度关联性的户籍制度改革、农村金融改革、农村集体产权制度改革等联动协同，推动农村各项改革相互衔接、形成合力。

（作者系湖南师范大学中国乡村振兴研究院专家委员，四川省社会科学院原副院长、研究员）

◎责任编辑：李珺

现代化背后的乡愁、乡恋和乡建

⊙ 何慧丽

　　乡愁是客观的、也是主观的，是个人的、也是民族的，它在今日每个人的心性里蔓延，也在这个国家的当代民族心性里蔓延。"难忘日间禾苗香，最忆夜半月如霜。斜晖脉脉千村照，黄水悠悠万里长。念少时，想亲娘，此心安处是吾乡。摩登无形浓浓色，乡建有功淡淡光。"这首描述当代青年志愿者在黄河流域开展了 10 年乡建运动的小诗，蕴含了"从乡愁、乡恋到乡建"的逻辑。

乡愁：每一个人的故乡都在沦陷

　　若问及乡愁何来？答曰：缘于近现代工业化所导致的"乡衰"。

　　今日乡愁之浓郁深切，缘于"每一个人的故乡都在沦陷"，它已不再只是传统农业社会诗词中所表达的意境，而是作为现代性问题出现、以都市文明或工业文明观照农业文明而滋生的复杂情感。它意味着人们向往田园生活的自然心性对城市化和工业化中欲望横流的反动，也是在发展潮流裹挟下对自身生存道德的渴望和追求。

　　其实，知识分子从 20 世纪初开始凝结的百年"乡愁"，就理性认知的层面而言，缘于中国现代化制度变迁过程中所出现的"乡衰"，本质上反映了近现代以来对国家工业化内在规定性造成"乡衰"事实的一种社会心理现象。工业化的强制性与中国既有资源禀赋之间的张力所形成的现代化悖论，是一些知识分子发出"秋风秋雨愁煞人"之心声的社会历史背景。

纵观中国近现代史，百年中国问题的本质是"一个资源禀赋较差、发展中的农民国家，通过内向型自我积累追求被西方主导的工业化、资本化发展的问题"；人多地少的"内生性结构变量"和国家追求工业化、现代化的"宏观环境变迁"，是百年中国农民、农业、农村"三农"问题的根源。中国现代化制度变迁的本质是一种"成本转嫁论"。无论是 20 世纪前半叶资本经济全球扩张下的西方国家政治、军事、经济侵略而导致的小农破产、乡村衰败、社会动荡和政权不稳定，还是新中国成立后 30 年间国家主导的以固化城乡二元制度和人民公社制度为保障的工业化过程，其制度变迁均符合"成本转嫁论"之说，只是就一定的历史视野来看，一个失败了，另一个成功了。

改革开放的时代，是中国融入新时期的全球化、以各种产业资本进行资源资本化的时代；它高擎发展主义大旗，辅之以"亲资本"为核心的各种经济、文化、教育政策，经历着"追求地方工业化、国家现代化和资源资本化"的过程。这个经验过程，一方面表现为各种经济、政治、教育、文化、社会等体制的改革，也即主流所认同的高度现代化的现代制度变迁；另一方面表现为成本积累和转嫁的"致贫""致害"效应，其中一个不得不正视的问题就是新时期"三农"问题的突现。推行市场经济的各级政府和各种商资实体，面对高度分散且剩余太少、没有谈判地位的亿万小农，以一切可能的方式进行资本原始积累，其由强势群体转嫁于弱势群体、弱势群体转嫁于土地和资源环境的成本转嫁破坏性之大，超过近现代史上的任何一个时段。

可以说，有激进的现代化变迁，就会有严重的"三农"问题，就会有"故乡的沦陷"，以及从个体、群体到整个民族不同层面上的"乡愁"。

乡恋：工业化城市化的另一面

若问及乡恋何处？答曰：归心园、从田居。

对乡村生活生产、建筑人文、生态风光……想念不忘、爱慕不舍，是为乡恋。"乡愁"仅是对社会客观规律造成的"乡衰"现象本能的情绪流露；"乡恋"则是建立在真性自觉基础上的高级情感表达，那是绿叶对根的感恩心、回报心，是对归心园、从田居的"想念不忘"与"爱慕不舍"。

　　所谓"归心园"，正是到乡村去发掘整个社会、民族和国家的道德、伦理之源泉。每一个社会人、精神人，都要有能使自己安心立命的精神家园，明白自身从哪儿来、要到哪儿去。在中国传统社会，城市只是官僚和商人客居的地方，"衣锦还乡"和"光宗耀祖"才是其认同的发展方式。自明清以来，中国的城乡市场区域化，主要是靠传统宗族和地缘为主体对传统国家的市场发育而形成的。城市中多是来自于同一地缘有着传统根基的同乡人联合体，他们对城市认同和阶级认同均是很晚以后的事情，他们对家乡的责任和介入，则源于回馈家乡的情感使然以及对自身扬名立命的追求使然。从中国乡村走出来的谋生者，无论古代还是近现代，就是当代外出打工创业之人，其心灵深处，都潜伏着深厚的恋土和恋家之"乡土情结"。

　　而对田居的追慕，来源于人作为自然生物人、生命感性人，追求在乡土农业、田园生活中返璞归真的人生意味。陶渊明《归园田居》对田园生活的自然怡性之演绎，令人叹为观止。就现在看来，从田居，既是中华民族绝大多数人囿于人多地少、资源紧缺在未来中长期不得不为之的一种精耕细作的生产生活状态，也是一种呼应为解决现代生态危机而提倡的"低消耗、低投入、高福利、高质量"的生产生活方式，更是越来越多"城里人"在后工业时代即将掀起的一种体验自然生命空间的"时潮"行动。

乡建：发掘乡土强大的生命力

　　若问及乡建何能？答曰：提高参与者觉悟并复兴乡村社会。

　　乡建就是从事乡村诸多方面建设的各种行动、实践。从事乡建的人们，既要"高高山顶立"，又要"深深海底行"：立足于高山之巅，然后所见始广；潜行于深海之底，然后所行始切。乡建，方能了结"乡愁"、成就"乡恋"。

　　乡建的功用有两个层次，一是提高乡建参与者的觉悟。人类的身体构造、心性特质与大自然原本是一个整体，原本就有身心合一、通会万物的本领。志存"乡建"，并力行之，日渐会打开向他者开放、尊重多元差异、对他人和自然有感觉力的"觉他意识"，这是一种宽厚情感和深度智慧。从事乡建多年，我们总结出一套乡村情景分享行动：朝话——早上到田间地头、林间旷地、传统民居、村社宗庙、祖宗坟茔等地进行朝话；夜话——晚上相互之间的分享，对一天内的重要事情和想法进行归纳、交流和写作；话饭——在集体吃饭之前，请轮流找食材做饭的成员表达一下对"本地、新鲜、当季"饭菜的感受。如上种种，用以提高乡建者对乡土性的觉悟能力。通过尽力去感知乡村内在的真善美，并在发现、发扬这些真善美的践行之中，获得乡土强大的生命力。

二是复兴乡土社会支撑体系。乡村，作为人类社会与自然界共存相处的生态场域、生活场域和生产场域，其产业建设从本质上和持续的意义上而言，是多样性、循环性和共生性等得以修复和构建的过程，其社会秩序建设是人生社会之大伦的修复和构建的过程，至于政治和文化等上层建筑莫不由经济产业建设和社会秩序建设上生发而来。因此，一切适宜的小型农耕可持续发展技术，与乡村生产生活自洽的传统习俗、儒家、道家等文化，与对乡土社会发展有积极作用的政策制度安排，均可以参与支持。乡建实践自有其相适宜的阶段性目标和关键点。无论是有利于生态文明战略实施的人才计划、乡土知识体系建设，还是思想觉悟建设，无论是从农民合作到城乡合作，还是从生态农业到公平贸易……均是要积极支持并发扬的。

作为百年中国真命题的乡村建设运动之脉，在一意决绝的现代化和风起云涌的改革浪潮之间，其方法、精神、内容，从参与者修身觉悟和复兴乡土社会的乡建理路，直指向民族国家的长远全局发展，必将通向生态文明和人类社会的大同之境。

（作者系中国农业大学人文与发展学院教授）

◎责任编辑：李珺

厘清耕地生态保护的内涵

⊙ 张凤荣

我国耕地保护工作已经走上了数量、质量、生态三位一体保护的可持续发展之路。对于耕地的数量和质量保护，业界都已比较清楚；对耕地生态保护的内涵目前还比较模糊，甚至存在争议。有人将一般意义上的生物多样性作为耕地生态保护的内容之一，甚至有人将生态优先与耕地保护对立起来。

为此，笔者认为，有必要界定清楚耕地生态保护的内涵，讲清楚耕地保护和生态保护的辩证逻辑关系，助推耕地生态保护步入科学可行的轨道。

耕地生态系统结构与功能

在耕地生态系统中，既包括水、气、热和矿物质营养等非生命部分，又包括作物、人类、动物和微生物等有生命部分。在有生命部分中，根据各个组分在生态系统中的能量转换和物质循环过程中的功能或营养方式的不同，可再分为生产者、消费者和还原者。

作物是生产者，为一切生命活动提供能量来源。人类和动物都是消费者，他（它）们直接或间接地利用作物所制造的有机物质，从中获得生存发展能量。还原者是土壤中的微生物，主要是细菌和真菌，也包括蚯蚓或蚂蚁等土壤中的某些腐食性动物，它们把复杂的动植物有机残体分解为简单的化合物，归还到土壤中或大气中去，再被作物循环利用。

耕地生态系统是受人工干预很大的自然－人工复合生态系统，这主要是因为耕地生态系统的消费者是人。人类不但为了自己的生存繁衍排斥其他消费者吃食作物，而且还为了作物的高产稳产建设并管理耕地。而森林、草原、湿地等这种自然或近自然的生态系统中（严格上说，今天已经几乎不存在纯自然的生态系统），人类之外的其他动物就没有人类这种利用自然、改造自然的主观能动性，对生态系统的干预和影响很小。

因此，对于耕地生态系统来说，气候与气体调节、水源涵养、净化环境、养分循环等生态服务功能是作物生产在行使农产品生产功能时附带发生的，这些生态功能并不是人类要求的主体功能。但是，为了人类经济社会的可持续发展，在保证农产品生产功能的同时，应尽可能减少农业生产对生态环境的负面影响，多发挥正向的生态服务功能。

耕地生态保护要跳出通常意义上的生物多样性概念

由自然条件决定的耕地生态系统中无生命部分的光照、热量、水分和养分是一定的。为了保证作物的高产，耕地不能"杂草丛生"，即不能让其他"杂草"与作物争夺光、热、水和养分。

为了不让其他动物吃食作物，人们在播种时就给种子拌上农药，防止"害虫"，当庄稼长起来后，还要喷洒农药，消灭"害虫"。这必然使得耕地生态系统中的动物、微生物多样性降低。因此，耕地的生态系统结构相对于林地、草地、湿地等是简单的。将生物多样性内涵也赋予耕地生态系统，是一种泛生物多样性主义。

耕地生态保护要跳出通常意义上的生物多样性概念，聚焦建设维护耕地农产品生产功能的土壤生物群系。这种不同于耕地原生植被下的土壤生物群系，支持耕地的高产稳产和绿色生产。

关于耕地生物多样性研究，应该聚焦在田间管理下，耕地生态系统可能产生的一些抗药性强或能够降解农药的动物微生物，甚至是那些因施用农药和使用塑料薄膜而"变异"出的一些与耕地生态系统相适应的新的动物和微生物种群。这也许是耕地生态系统对地球生态系统在生物多样性上的一种特殊贡献。

耕地生态保护首先要在国土空间布局层面上考量

在国土空间规划中，应该统筹耕地生态系统与林地、草地、湿地等其他生态系统的保护，优化国土空间布局，这是在战略意义上的耕地生态保护。

首先，耕地占补平衡或新增耕地不能开垦生态用地。过去滩涂、沼泽、红树林等，都曾作为耕地后备资源，但在第三次全国国土调查时，这些均被划归为湿地地类，不能再开垦，因为需要这些地类在国土空间中发挥湿地的生态服务功能。

特别需要提出的是，要以"统筹山水林田湖草沙系统治理"为指导进行国土空间布局，即使是"未利用地"，也不能成片开发，因为那些"未利用地"是陆地生态系统的重要组成部分，有着其特有的生态服务功能。但是，在田块尺度上，不能容许田块中有原生野草"夹荒地"的存在。

当然，对那些严重退化从而危害了生态环境的耕地，要坚决退耕，本着宜林则林、宜草则草、宜湿则湿、宜沙则沙的原则，将其修复或自然修复成与其自然条件相适应的地类。

通过高标准农田建设或中低产田改造实现耕地生态保护

高标准农田建设可以提高单位面积耕地的产能，缓解以扩大耕地面积来保证粮食安全给区域生态系统造成的压力，从而保护了区域内沼泽、滩涂、草地等其他土地生态系统。此外，高标准农田建设还可以在耕地利用过程中提高环境缓冲能力。

有些人建议要把排水沟搞成"自然弯曲"，将灌溉渠道建成粗糙可以让动物爬行甚至可以打洞做窝的"生态渠道"，这是对于耕地生态保护内涵的误读。弯曲不规则的排水沟会使得田块不规则，不利于耕种。粗糙的灌溉渠道输水效率低，甚至可能造成灌溉水的泄漏。

事实上，正因为自然河流弯弯曲曲，在大雨暴雨来临时洪水才排泄不畅。"治理淮河""根治海河""把黄河的事情办好"，在黄淮海平原上建设方格网状干支斗农四级排水体系，就是为了通畅排水，避免洪泛灾害的经常发生。

那些沙性大、土层薄、坡度大、有盐碱和渍涝等多种限制因素的中低产田，往往也是生态脆弱耕地。改造这些限制因素，可提高耕地的生产能力和生产的稳定性，同时也是对耕地的生态修复和保护。

耕地生态保护的重要内容是耕地土壤环境保护

耕地土壤环境保护是耕地生态保护的重要内涵之一。也就是说，在耕地利用过程中防止土壤重金属污染、农药污染、塑料薄膜污染、土壤酸化等，就是保护耕地生态。对于已经污染了的耕地土壤进行污染物清洁，就是修复耕地生态。

本来耕地土壤肥力或养分水平越高越好，那样可以充分满足作物高产对养分的需求。但养分高了，也会受重力作用随径流水进入河湖和地下水，导致水体富营养化。因此，采取测土配方施肥，将土壤肥力水平保持在一个可满足作物需求但又不过高的水平上，也是耕地生态保护的重要内容。

秸秆还田、多施用有机肥、减少过多的化肥投入，这些有助于碳中和的有机农业耕种方式，也是耕地生态保护的重要内容。

无论是耕地利用过程中保护耕地土壤不受污染，还是对已经污染的耕地土壤进行清洁，使耕地能够生产出绿色农产品，这些都是耕地生态保护。

（作者系中国农业大学土地科学与技术学院教授）

◎责任编辑：汪义力

打造种业高地要加快种业全产业链建设

⊙ 陆福兴

习近平总书记在中央全面深化改革委员会第二十次会议强调："必须把民族种业搞上去，把种源安全提升到关系国家安全的战略高度，集中力量破难题、补短板、强优势、控风险，实现种业科技自立自强、种源自主可控。"湖南响应总书记号召，勇于担当国家责任，立足打造现代种业高地，为国家种业安全做出湖南担当。当前，湖南现代种业创新高地建设正在快速推进，已经取得了显著的成就。但是，种业作为一种特殊产业有其自身的发展规律，从当前国际种业发展趋势看，种业发展日益集中化、综合化和全产业链化，种业全产业链成为种业高地发展的必然趋势，是种业安全的基础保障，是种业稳定可持续发展的动力源泉。

湖南现代种业高地建设面临多元挑战

湖南现代种业高地建设是湖南农业现代化的产业支撑，也是湖南建设农业强省的核心保障。但是，湖南现代种业高地建设还面临诸多挑战。

一是种业高地核心优势不凸显。当前，全国发展种业的地区各有各的特色和资源优势，湖南重要高地优势不凸显。如海南有特定的南繁基地育种优势，四川有国家杂交水稻种子生产基地优势，武汉利用科技优势在打造 1000 亿种业产业，北京的资源技术优势和人才优势都很突出。湖南建设种业高地尽管有杂交水稻的优势，但是其他种业优势不明显。

二是种业全产业链发展不足。当前，湖南杂交水稻育繁推一体化全产业链做得不错，产业链较全并具有较大的优势，但其他如牲猪、油菜、辣椒、特色水产等产业的产业链不长，湖南种业企业除了隆平高科外，其他种业缺乏大型种业企业的产业链支撑。打造种业高地不能仅仅依靠杂交水稻一个品种的产业，还需要有几个优势品种的全产业支撑，和大量的上游产业和下游产业等外围产业支撑。

三是种业全产业链技术不强。湖南现代种业高地尽管有多名育种院士支撑，但是育种院士只在种业繁育创新上具有优势，而在种业的上下游产业链上，比如信息化、自动化、机械化等产业技术上，育种院士也只能望洋兴叹。当前国际种子公司与化工、农药等其他工商企业之间构建了种业发展的全产业技术链，湖南种业高地的发展趋势也是这样。

完善种业全产业链打造湖南种业高地的对策建议

种业全产业链是种业发展的国际趋势，也是当前湖南现代种业高地建设的核心问题。湖南要从水稻种业产业链延伸至林果花草种业与微生物种业产业链等空白区域，聚焦种业全产业链关键环节，打造现代种业全产业链发展的高地。

以种质资源兴链。湖南种业全产业链建设首先要利用湖南丰富的种质资源，挖掘湖南种业的地方特色，建设有湖南元素的现代种业高地。加快摸清全省农业种质资源家底和发展变化趋势，有效收集和保护珍稀、濒危、特有资源，实现应收尽收、应保尽保。着力加强地方特色种质资源开发利用，大力开展特色品种的保种继代、提纯复壮、优良基因选育和产业化开发等工作。

以知识产权护链。种业的生命力在于原始创新，如果没有强有力的制度保护种业知识产权，就会影响本土企业创新的积极性，进而影响粮食安全和农民切身利益，因此需要健全的知识产权保护制度保驾护航。应抓好源头知识产权保护，针对品种同质化问题，聚焦产量和抗性等重点指标，从严审定品种，突出种业创新保护。同时，扩大监督面，综合运用行政、互联网等多种手段，推行全链条、全流程监管，对假冒伪劣、套牌侵权等突出问题要重拳出击，打造种业高地的知识产权保护高地。

以制度体系固链。以建设现代种业高地为目标，紧盯市场需求，加快构建科学高效的种质资源利用体系、种业自主创新体系、良种生产保障体系、监管服务体系，进一步强化种业全产业链激励推进体系，全面提升种业质量效益和核心竞争力，为现代种业高地提供制度支撑。

以龙头企业强链。以产业链思维推进种业产业发展，推动湖南种业科技优势转化为产业优势。抓龙头企业强化全产业链，加快引进国内生猪育种领军企业，强化辣椒、油菜、茶树、特色水产等龙头企业引进与培育，着力引进一批龙头企业、规上企业、专精特新企业和补链延链企业，利用龙头企业带动完善重种业高地全产业链发展。

以社会化服务延链。围绕种子产业链部署创新链，围绕创新链布局产业链，在招商引资、技术创新、平台建设等方面强化精准服务，做大做强现代种业产业链服务。强化种业全产业链社会化服务支撑，建立种质资源信息公开和共享交流机制，构建全省统一的农业种质资源大数据平台，促进优质种质资源高效共享利用，构建种业"总部＋基地""核心＋配套"的全产业链条服务体系。

（作者系湖南师范大学中国乡村振兴研究院副院长、教授）

◎责任编辑：李珺

乡村建设行动的多维定位与实施路径

⊙ 闻新国

　　"十四五"时期乡村建设作为乡村振兴的重要抓手，要迈出实质性的步伐，取得实质性的效果。乡村建设在"十四五"时期具有特别重要的意义，主要体现在几个方面：一是巩固脱贫攻坚成果同乡村振兴有效衔接的需要；二是找准抓手，大力推进乡村振兴的需要；三是乡村建设对于进一步扩大国内需求，畅通内循环和主循环具有重要的作用。通过乡村建设行动，使"三农"基本盘更牢，对于增进农民福祉，提升乡村的功能也具有特别重要的意义。

多维定位与内在逻辑

　　乡村建设行动的"建设"意义是宽泛的，既包括涉及乡村生产生活和人居环境等方面的硬件建设，也包括乡村公共服务保障等方面的软件建设。"行动"意义也是独特的，主要体现在各类机制和相关支持政策的落实落细落地方面。

　　乡村建设的目标是多维的，方式是多样的。乡村建设历史维度和阶段性特征明显，从时间跨度看，乡村建设涉及长时段全过程的乡村发展。乡村建设的历史深纵维度丰富，广义乡村建设与各阶段的乡村发展存在全面吻合关系。在"十四五"规划提出乡村建设总体要求下，结合乡村建设的具体实践，乡村建设的范围除一般硬件软件建设方面外，还需扩展到乡村文化建设、乡村数字建设和乡村人才建设等方面，这些都是乡村建设的重要范畴。乡村治理机制的完善同样也是乡村建设的重要方面，对乡村建设的运作起重要的机制支撑作用，广义的乡村建设与推进乡村振兴的总体内容一致。另外，公共政策的制定与落实同样包含在建设行动之中，这是乡村建设行动中软件建设的重要方面。

乡村建设的内在目标，是提升乡村的价值功能。乡村建设也是城市价值外溢与乡村价值同步提升的过程，公共产品穿行原理是乡村建设的重要内在逻辑，乡村建设行动的场域发生在乡村，但是乡村建设行动的性质在很大程度上是非农经济活动向农村的延伸，其建设的主要资金来源也来自于非农领域，甚至主要来自较高梯度级别的城市领域。乡村建设行动的资源动员和经济属性方面总体上具有公共性、穿行性、均等性等特征。分税制财政体制对城乡区域协调发展和乡村建设起到了独特作用。乡村建设是政府投资和公共产品生产方式的再引导。

乡村建设要解决"为谁建设，依靠谁建设"的问题。当前乡村振兴和乡村建设最重要的背景是乡村人口仍处在流动未定型状态，在乡村形态未趋稳定的情况下抓乡村振兴和乡村建设，必须要考虑城镇化的进程和乡村人口的去留问题。我国城市化率已达 63.89%，我国还处在城镇化进程上升期，但是城镇化也需要历史耐心，不论是在城镇化进程之中，还是城乡空间比例和人口比例达到稳态时，乡村总会有一定规模的人口。在城乡关系的系列变迁中，农民还会减少，但是农民不会消失，乡村在变化，但乡村不会消失，在乡村嬗变中考虑乡村建设问题最终还须权衡城乡关系。

城乡关系结构与乡村内在结构变化决定乡村建设的方向和重点。同时乡村建设的层次性、阶段性也是理解乡村建设维度的重要方面，要在现代要素入乡与乡村融合的关系中，体现乡村建设的全面系统性、阶段层次性、地域差异性。

在这种条件下考虑乡村建设行动，必须全域一体考虑大规划和城乡未来结构比例问题。在未来城乡版图关系中，某些镇村还是需要按城镇化的方向考虑未来发展，要把在农业区特别是受生态红线控制和耕地红线控制范围内的县乡镇作为乡村建设行动推进的重点来抓。当乡村建设集中在乡村内部时，则要按乡村自身的特色来抓，保持乡村特色和乡土品位，重塑城乡版图和城乡经济结构。

还要正确看待人口外流、农民参与和空心化等问题。真正从底层视角思考"乡村建设为了谁，依靠谁"的问题。在双向流动的结构关系中，形成农民进城与资本下乡间的切换机制。乡村建设要考虑长时段变动因素，考虑产业结构关系。在农民主体参与乡村建设的问题上，一方面要尊重农民的选择，另一方面要正确理解和处理农民主体性问题，乡村建设真正的受益主体还是农民，所以需要从建设目标设计和最终效果上体现尊重农民主体性，主要通过调节利益关系来处理农民主体性问题。除此之外，在某些领域还是需要改进乡村动员方式，调动农民积极性、主动性和创造性，使其参与到乡村建设行动中去，鼓励并引导农民在政府购买公共服务的框架下以有偿劳务参与或筹资筹劳等方式参与家门口直接受益的公益项目建设。还要处理好农民主体与其他主体的关系。农民外出务工的特点不同，有些乡村的就近区域，城镇化建设就在家门口，这些区域农民的公共需求和生活环境需求呈现不同特征，要以城乡一体建设的方式综合考虑乡村建设。

乡村建设还需要尊重自然规律和文化惯例。遵循城市现代要素入乡和城乡要素互动规律，与尊重乡村自然规律和乡村经济发展规律并不矛盾。一般要素在经济层面上起作用时，乡村建设又涉及多层面的要素问题，其中文化同样是一种重要因素。农耕文明、地形地貌等都需要得到尊重，保护乡村的独特价值。避免千村一面，要根据地形地貌特征顺势而建，不搞大拆大建，不搞整齐划一。乡村生命共同体、全生命周期、乡土风貌个性特点等方面要体现绿色、低碳、自然、野趣等特点。乡村建设可达到景点效果，但不可刻意进行人工美景打造，乡村以自然、偏远、静野为美。避免用城市建设思维规划乡村建设，规划建设的理念上要处理好面子和里子的关系，处理好内容与内涵的关系，处理好绿色发展与传统村落的关系，让传统村落的美留住乡愁、乡恋、乡景。

乡村建设行动的几组关系

一是城乡资源配置关系。乡村振兴和乡村建设的密钥在城乡融合，关键是城乡两端协调发力。从长期来看，发展城市和非农经济有利于提高"以城带乡"的实力和水平，但是在一定时期城乡公共资源配置仍然是城乡发展的优选序和协调一致的重要关系问题。这方面需要提高协调处理能力和水平。

二是公共资源与社会资本的关系。尽管在当前阶段或未来较长时间，乡村建设的重要方式和主体力量是公共财政投入，但目前农业新型经营主体的发展开始进入活跃成长期，家庭农场和农民专业合作社等新型组织，是社会资本入乡的重要领域，这些社会资本也在通过慈善活动捐款参与乡村公益建设，或者直接投资建设乡村。社会资本投资是对公共资源投入乡村建设的补充。企业人士投资对接乡村建设活动，参与方式可以完全有偿的方式进行，如以政府购买乡村建设项目的方式进行，还可通过投资平台转引社会资本，再通过政府相关投资平台盘活农村资源，将农村资源包装开发。从乡村走出来的成功企业人士，通过万企帮万村的联建活动带动乡村建设发展也是一种重要方式。总之社会资本可以起到穿针引线的重要作用。

三是当前与长期的关系。乡村建设重在当前，而真正的落脚点是未来，主要原因是当前乡村多处于流动未定型状况，在农民流动和乡村非稳态的情况下抓乡村建设，重点和落脚点始终是用未来观抓好当前。乡村建设有很多是慢变量，不可一蹴而就。要着眼当前，紧盯未来推进乡村建设行动。乡村建设的布局一定要符合未来需求，搞乡村建设要有未来可持续性，要长期管用，避免重复建设。部分乡村仍然存在未来城镇化的可能性，兼顾红线问题和建设指标权下放后综合调配的问题，重整城乡建设用地结构关系。同时在长期中注重阶段性，达到富裕程度时的乡村建设又会不一样。乡村建设要与乡村长期的自然环境和气候条件相适应。

四是普遍性普惠性与地域差异性的关系。保底性、普惠性、均等性的民生保障类公共服务直达乡村每一受益个体，基础性设施应通则通、能通则通。硬件和软件建设都需跟着农民走，基础性的建设全面通达的同时也需注重基础设施的集聚和集约效应，乡村学校建设也要注意重新归片建设，同时也要方便学生上学。在均等覆盖的前提下，也要考虑乡村区域稀疏状况的变化趋势，疏密有度推进乡村基础设施建设。

乡村硬件建设方面要按照巩固、提升、扩展的路径加以推进，巩固前期与乡村建设相关的基础设施项目及公共服务均等化成果，按新的需求标准进行功能提升，同时按乡村建设新需求扩展其建设范围，提高建设标准。

乡村建设行动的基本路径

一是在城乡融合发展的大框架下谋划乡村建设行动。将乡村建设行动方案纳入"多规合一"范围，提高"多规合一"的科学性和前瞻性水平。规划中要注重城乡经济版图圈层关系以及城乡人地密度比例关系的合理化，乡村建设的整体规划要注意各类乡村建设项目的统合关系。基于城镇化圈层的经济版图变化确定乡村建设的重点区域，同时也注重耕地红线保护与建设规划调整的可能性，规划清晰分明的城乡空间布局。在城乡空间规划的基础上，确定镇村发展规划和村庄小规划，重点是做好农村集体经营性建设用地改革、农村宅基地改革和宅基地确权登记等基础工作，分类归纳并调控利用村内集体建设用地指标，解决好乡村建设行动中的用地问题。处理好城乡协调大规划和乡村小规划的全域网络关系，协调设计乡村土地规划与综合建设规划，从规划的层面避免重复性建设，避免无效投资。

二是结合区域特点构建乡村建设的梯次网络。乡村建设不光是村庄的建设，还包括县乡两级层次的基础设施建设与联通。要形成上至集镇下至自然村庄的网络建设体系，以及县乡村梯级架构关系。县级也是乡村建设的重要龙头，县内全域选择推进特色乡镇建设，在乡村建设中行政村只是从乡村治理层面上加以考虑，村庄建设的落脚点还须延伸到自然村落各类基础设施建设中去。

三是进一步补齐短板，全面与重点建设一体推进。"十四五"期间乡村环境治理与优化提升仍然是乡村建设的重要方面。乡村基础设施建设、乡村生产条件改善方面，主要在美丽乡村、水电路网气基础设施等方面巩固升级，并在数字乡村和设施农业方面扩展延伸。同时将硬件建设的范围扩大至原始村庄之中，重点是基本农田生产条件的改造，主要是高标农田建设，还要围绕新型经营主体，积极推进设施农业建设，将农村路网电网水网向新型经营主体规模经营区域延伸，将数字乡村建设和乡村人才队伍建设都列入乡村建设的大类之中加以推进。围绕新型经营主体和新型经营模式的新需求，提高基础设施细血管式的通达率。

四是着眼未来乡村形态变化，从总体上推进未来村庄建设。乡村规划建设主要尊重农民流动规律，跟着农民需求走，考虑乡村建设的真实需求，乡村建设同样要体现乡村公共聚集性特色。针对不同村庄的"存废"趋势，在不搞大拆大建的前提下，对空心村以历史耐心让其自行演化，对这类村庄不搞无效投资建设。

五是因地制宜、因时制宜、分片分类分阶段推进乡村建设行动。乡村建设是行动而不能是运动，要避免一刀切。乡村变迁是一个慢变量，既要克服冒进激进思想，又要把握时机积极稳妥推进。公共服务均等化直达农户和相关农村人口时，要确保应通则通全覆盖。根据区域发展趋势和未来发展规划，同时注意选择并确定乡村建设的重点片区，分类推进。根据乡村不同区位确定不同类别乡村，进行不同类型的乡村建设。乡村硬建设项目和通达标准应该因人而异、因村庄而异。同时要处理好原住农民、未来农民和未来村庄的关系。

六是统合乡村建设中的政府职能部门关系。处理好乡村建设行动各层级间的条块统分关系，各级党委下的农办和乡村振兴局统合乡村振兴和乡村建设的全盘工作，同时要理顺乡村振兴局与其他党政相关部门的关系，协调分配农业农村局、自然资源局、财政局等相关部门的涉农职能，优化条块关系，在全党全社会共抓乡村振兴的大格局中发挥引领作用。区乡两级亟待加强农经和农技两大职能部门和相关机构的建设。在镇村两级组织层面，要重点解决"上有千条线、下面一根针"的条块关系问题。处理好协调合作关系和资源整合关系，形成良好的统合机制。

七是建立乡村建设绩效评估制度。将乡村建设行动方案实施情况的考核纳入乡村振兴战略实施的总体考核之中，不搞多头考核，提高考核的系统性、完整性和精准性，加强乡村建设监督管理，完善质量保障机制，确保项目建设质量，严格管理政府购买公共服务参与乡村建设。实行项目制清单式管理，对重大安全项目实行终身负责制。

（作者系中共湖北省鄂州市委党校教授）

◎责任编辑：李珺

主动为乡村建设提供规划服务

⊙ 瞿理铜

　　城乡建设，规划是先导、是引领。习近平总书记曾经指出："规划科学是最大的效益，规划失误是最大的浪费，规划折腾是最大的忌讳。"2008年《城乡规划法》实施以来，村庄规划的地位不断提升，作用性不断凸显，但从实践调研来看，村庄规划尤其是乡村详细规划仍然是短板，绝大多数乡村都没有编制详细规划，村庄建设依然是处于一种相对无序的状态。村庄的无序建设导致村民建房占用耕地，甚至占用基本农田的现象屡见不鲜，每隔一段时间国家则推进一次运动式的整治行动，但这样的整治行动成效是短暂的，没有形成长效的治理机制，难以彻底杜绝乡村建设占用耕地或基本农田的行为。

　　从城乡建设来看，城市建设和乡村建设不同。城市建设社会关注度高，城市商品房要进行抵押融资，必须取得产权证，要取得产权证必须要有合法的手续，需要经过很多部门审批，规划管理相对较为严格。而乡村地区农民建房，更多是实现其居住功能，大多数农民并不在意有无产权证，因此农民住房建设过程中更多地是考虑其生活的便利性、所占土地面积的大小，并不考虑其建设行为是否符合村庄规划。所以要求乡村建设过程中，地方政府尤其是乡镇一级政府要主动为乡村建设提供规划服务，规范农民建房行为。

　　从实践运行来看，笔者调研后发现，很多地方乡镇政府并没有主动为乡村建设提供规划服务，究其原因主要有：一是乡村规划管理人才短缺。总体来看，社会规划人才处于短缺状态，规划人才在城市就业收入较高，在县域范围内从事乡村规划的人员较少，在乡镇一级从事规划管理的专业性规划人才更少，调研发现大量退伍转业军人承担了乡镇规划管理工作任务。二是长期以来的官本位思想作祟。在众多基层干部心目中，老百姓要建房更多是有求于他，干部不收取老百姓的礼品就很好了，还要求主动上门服务，这在很多基层干部心目中是不可思议的，思想观念上转变不过来。三是地方政府重视不够，乡村规划市场缺业务。新农村战略实施以来，为了应付上级考察或检查，部分地方政府编制了村庄总体规划，但是控制性详细规划几乎处于空白状态，经过调研发现，地方政府在村庄规划中投入的经费严重不足，与一些规划师沟通后发现，并非规划师不愿意从事乡村规划，更多的是由于地方政府不重视，乡村规划业务较少。四是农民无序建房挫伤基层干部的"积极性"。调研发现，很多基层干部认为即使编制了村庄规划，或者乡镇政府有规划管理，大多数农民建房依然我行我素，不按照规划来实施，主动提供规划服务过程中禁止农民一些行为，还会影响干群之间的关系。

破解村庄规划管理方面的不足，需要从多方面入手。

首先，要提高乡村干部和乡村居民对村庄规划重要性的认识。在干部、群众中广泛宣传规划对乡村建设的作用，引导乡村建设利益主体充分认识到规划的重要性，高等院校和科研院所要充分发挥智库引导社会职能，主动送乡村规划讲座至乡村。

其次，加大村庄规划人才培养和基层政府规划管理人才配置。从现有规划专业培养人才来看，大多数是本科院校开设规划专业，专业门槛较高，少数职能部门还设立所谓的专业认证评估行政行为，导致人才培养总量有限，湖南少有高职院校开设规划专业。因此，降低规划专业人才培养门槛，提高规划人才培养总量，鼓励高职院校开设规划专业。设立乡村规划师职业技能水平鉴定，对于技能水平高、长期在基层从事规划管理的乡村规划人才，建议可以享受高级职称待遇。在乡镇政府设立规划管理专干岗位，这一岗位必须配备规划专业技术人员。

再次，加大对地方政府村庄规划考核力度。在全面实施乡村振兴战略过程中，加大对地方政府村庄规划管理工作考核力度，尤其是对控制性详细规划编制和落地实施工作的考核力度，引导地方政府加大对村庄规划的投入力度，使得村庄规划业务有市场，进而激励村庄规划人才培养。通过控制性详细规划编制，划定乡村适宜建设区域，引导村民适度集中居住，未来新增住宅建设进入农民集中居住区建房，降低乡村基础设施建设成本，为乡村污水处理、垃圾治理、生活休闲等基础设施和公共服务设施配套提供规划指引。

最后，严厉打击村庄规划管理过程中的官僚主义和腐败行为。对于违反国家法律规定占用耕地或基本农田从事建设的主体，既追究建设主体的责任，同时也追究村委会主任、乡镇规划管理专干、乡镇规划管理分管领导的责任。构建投诉举报机制，鼓励村民举报乡村规划建设管理过程中的腐败行为。

（作者系湖南师范大学中国乡村振兴研究院副院长）

◎责任编辑：李珺

农村万象

老家衡阳县金溪庙的新年

⊙ 唐翼明

　　我七岁那年来到老家衡阳县金溪庙，所遇到的第一件最兴奋的事是过年。我那时刚到记事的年龄，此前在城里过的六个新年在我的记忆里没有留下任何痕迹，此后的新年不是在匆忙中度过，就是在乏味中度过，甚至有在牛棚中度过的。在老家过的这个新年就成了我毕生对于新年最快乐也最深刻的记忆。

　　乡里过新年是一件大事，前后至少要闹腾一两个月，不像城里只热闹两三天，而且乡里过新年是全村的事，不像城里只是一家的事。一进入阴历十二月，说得文一点就是"入腊"，乡里人就开始准备过新年了。在我们老家这时候男人要做的第一件事是把柴草准备充分。虽说他们平时也要砍柴，但这个时候要砍得特别多，而且要砍一些大柴，平时只要砍些灌木就好了，这时却要砍许多像碗口粗细的松杉之类。然后把它们锯成两尺左右的木头，从中劈开，小的两股，大的四股，码在禾坪上，像一堆堆立体的"井"字，每每高过头顶，在冬阳中晒干，以备过年之需。不论家富家贫，过年的时候柴火是不能断的，不仅灶里的烟火终日不灭，特别要紧的是堂屋里要生一堆日夜不熄的明火。这明火通常是在屋角用砖头围成一个火塘，火塘或大或小，一般是五尺见方，中间放一个巨大的树兜，这树兜是要烧个十天半月的，旁边再辅以小树柴火，从农历小年（腊月二十三）开始，一直延烧到次年的元宵，元宵以后才可以慢慢熄去。有时一个不够，就要再烧一个。所以进山觅两三个很大的树兜并且把它们挖出来，扛回家，就成了每家男人过年前的头等大事。这事几乎一入冬就要准备了，因为这样的大树兜没有个把月是晒不干的，晒不干就烧不着，勉强烧就会烟雾弥漫。而这火塘几乎就是农村过年的根据地，尤其是入夜以后，一家老老小小加上来访的亲友都围坐在火塘边，一边取暖，一边聊家常，同时温酒、烤米粑、煨红薯。火要明而不断，有点小烟无妨，但烟大了就不舒服了。《千家诗》里有一首无名氏的七绝："一团茅草乱蓬蓬，蓦地烧天蓦地空。争似满炉煨榾柮，漫腾腾地暖烘烘。"这后面两句写的正是这种火塘，我们家乡至今还把大树兜叫作"榾柮"（读骨舵）。我后来在丽江旁边的泸沽湖参观摩梭人的家庭，发现摩梭人也有这样的习惯，而且摩梭人的火塘更伟大，它是终年不熄——也就是永远不熄，火塘熄了，就意味着人丁绝了。

柴火之外，打鱼杀猪是男人们必须做的第二件事。我们老家平时是不吃鱼的，要吃也就只吃点小鱼小虾、泥鳅蚌壳什么的，那是小孩子们在水田里自己抓的，肉则顶多在插秧割稻时菜里加几片腊肉，真正吃鱼吃肉就要到过年了。过年之前要在老家旁边的大塘里用网打鱼，为了能到塘中间打鱼，还得用门板和水桶临时扎一只小船，那办法是取六个大水桶，几个大汉把水桶倒过来，压进水里，上面扣两块门板，桶里的空气就会把门板托起来。两个人站在门板上，一人划船，一人撒网。打鱼是全村一年一度的盛事，全村的人几乎都出来了，站在塘边，堂客们叽叽喳喳，细伢们钻来钻去，一网鱼打上来，每每伴着大声的吆喝和赞美，比看戏时戏迷们喝彩还要兴高采烈。打起的鱼集中在禾坪上，先过秤，再按家分，又是一场热闹，包括挑拣和争吵。

跟打鱼一样好看的是杀猪。杀猪通常在小年前，也在禾坪上进行。一家杀猪，其他家的人也都出来看，猪的哀嚎和人的叫喊混在一起，也热闹得像在唱戏，这个时候那个握刀的屠夫就是戏中的主角。每家杀的猪大部分拿到市场上去卖，换回这一家明年买油盐、置农具、添衣被的钱。猪头、猪脚、内脏和小部分猪肉留给自己，过年吃一半，一半还得腌成腊肉，留到明年插秧打谷的时候吃。杀猪并不是家家都杀，也有无猪可杀的，可能是没养猪，人丁单薄或懒散养不起猪，或虽养了猪没到过年就卖了，这多半是穷人。家里劳动力多的、勤劳会安排的，往往都有猪杀，甚至杀两头三头的都有。杀猪是令人兴奋的，小孩子特别喜欢看。看几个大人如何把猪扳倒，用绳子把四个脚绑起来，抬到大桌子上，用手按住。屠夫把刀磨得亮闪闪的，看准时机，一刀捅在猪的脖子上，猪惨叫一声，屠夫再把刀拔出，血就从刀口哗哗流下来，流在早就准备好的水桶里——这猪血是要留着做菜吃的。接下来是吹气、去毛。吹气是为了去毛，那办法是在猪的后脚上用刀切开一个口子，插入一根竹管，几个大汉轮流吹气，一边吹一边用木棍敲打，让气均匀地充满猪体，最后整条猪就吹得像一个椭圆形的大气球。然后用开水烫，烫完后用杀猪刀把猪身上的毛剃净，最后还要用一把火在猪身上燎一燎，把没有去尽的绒毛烧掉。最后才是开膛破肚，把内脏一件件拿出来，把整只猪按需要切成几块。现在想起来觉得那个过程实在是很血腥的，猪的哀嚎好像还在耳边，让人起鸡皮疙瘩，但当时怎么就不觉得？甚至还觉得很兴奋很好玩呢？可见，说小孩子天性善良富于同情心，其实是可疑的。小孩子喜欢看杀猪，还有一个很现实的原因，是杀了猪以后就有肉吃。现在恐怕很少有人，尤其是城里人，能吃到新鲜的猪肉——刚刚杀好的猪的肉，那味道之鲜美实在无法形容。把新鲜的猪肉放在烧得滚烫的锅里来回炒一炒，撒点盐，再放水略煮一下，什么都不要放，就好吃得不得了。还有猪肝，刚从猪肚子里掏出来的新鲜的猪肝，切成小片，放点油爆一爆，最好还拌点芝麻，味道美不用说，据说还很补人。每次杀完猪，这芝麻炒猪肝是伯父一个人的禁脔，只有在他吃不完的时候或者心情极高兴的时候，拨几块给我们这些小孩尝尝，那简直就像是皇帝钦赐的恩典了。伯父总是就着酒吃猪肝，夹起两片猪肝放在嘴里嚼一嚼，再端起酒杯抿一口，然后叹一口气，满脸是陶醉的神色。这似乎是他一年来最愉快最得意的时候。

女人们的事情则主要是打扫卫生和准备食物两大项。那时乡下一般的农民都不大讲卫生——没条件讲，但是哪怕最脏最穷的人家过年也大抵要清扫一番，几件破衣服也得浆洗一下，多半还要煮，把衣被上的虱子煮死。如果有点余钱，家里又有小孩，就要想方设法做一两件新衣服，过年时也体面一点。如果是有点根底的人家，读过书的，所谓耕读之家，那就还得买几张红纸，写几副对联，以示与别家不同。最后这一点我的伯父家里是很讲究的，新年第一天我们几个小孩子一定要在书房里写一两幅字，叫"新春发笔"，这是绝不能忘记、绝不能马虎的。我多年以后都还保持着这个习惯，元旦春节那天照例会写一两张字，兴致好时还作一两首诗——当然是古诗。乡里人冬天难得洗澡，但讲究一点的，年三十那天一定得烧一锅水洗头洗澡，把一年的陈垢和晦气洗掉，用古文讲就叫"祓除不祥"。到初一就不能洗了，不仅不能洗头洗澡洗衣，甚至连地都不能扫——不能把财富扫出去，初一那天还不能动剪刀，大概是不能把福气剪掉吧。

对女人们来说，准备食物比打扫卫生更要紧。民以食为天，再穷过年这几天总得把饭吃饱，总得比平时多几个菜。三十吃年饭，稍稍富裕的农家想方设法都要弄出个"十大碗"来。如果有小孩，总得弄点点心让他们嚼嚼，就是没有小孩的人家也得准备几种，要招待客人，要打发别家的小孩。所以一到腊月，家家户户都会忙着切这切那，晒这晒那，红薯啦，南瓜啦，腊鱼腊肉啦，腌菜啦。我们家乡的腌菜五花八门，有很多在外地吃不到，例如腌辣椒、腌豆角、腌刀豆、腌茄子、腌香椿、腌紫苏、腌萝卜、腌萝卜缨子（即嫩叶）。其实我们乡下腌菜不叫腌菜，叫 zhǎ 菜，我一直不知道该怎么写，后来读《世说新语·贤媛》，里面有一条说："陶公（即陶侃）少时作鱼梁吏，尝以坩鲝饷母。"这里的"鲝"也写作"鲊"，本意是腌鱼糟鱼之类，后来也借表腌菜，读音正是 zhǎ，我于是明白我们家乡的"zhǎ 菜"应该写作"鲝菜"或"鲊菜"，只是这样古老而少见的字，别说农民，就是教授又有几人会写呢？

过年大人忙，小孩也不会闲着，除了帮大人做事以外，小孩还有自己的事情要做。我印象最深的是做松香棒。这松香棒有点像蜡烛，当然没有蜡烛那么大，那么漂亮，但那意思是差不多的，就是用一根竹签，四周涂上厚厚的松香，下面留一段空白，以便手握或插在地里和墙缝里。要做这样的松香棒，先要进山找老松树，在松树根部寻找松香，然后把松香剥下来。松香当然越多越好，只要背得动。回家后找一口破铁锅，用几块砖头架起，在铁锅下烧火，把松香倒在锅里融化。再用竹签在锅里滚动，使竹签周围都粘满松香。松香要有一定的厚度，否则将来点火就不猛，容易被风吹熄。但松香融化后是流动的，如何让松香有一定的厚度，就要靠技巧和经验了。这里的关键是掌握火候和松香的热度，太冷滚不上，太热又滚不厚，所以要把握中庸之道，还要反复滚动几次，这样效果才好。做这样的松香棒，往往是几个孩子一起努力，一起上山找松香，一起融化松香做成松香棒。几个人嚷嚷叫叫，同心协力，兴高采烈，新年还没到，孩子们却已经觉得年味很浓了。松香棒做好后，晾干，收起来。直到大年三十的下午，孩子们才把松香棒拿出来，先在各家的屋前屋后插上一圈，天一黑就点亮，火光熊熊，煞是好看。每人还手上留一把，高兴时就点一支，到处耀武扬威。这样的把戏每次过年要演两次，除了年三十以外，元宵节那天还会重演一次。

不过，还有让孩子们更高兴的事，那就是耍龙灯。耍龙灯通常在元宵节，一条龙灯十几个人耍，还有一个锣鼓队跟着。那龙灯队一个村子一个村子地走，村里的闲人跟小孩们也跟着龙灯队，从这个村子走到那个村子，队伍越走越大。每到一个村子，龙灯队就在禾坪上很卖劲地耍上一回，耍完后村里人还要合伙给赏钱。耍龙灯的时候几乎整个村子的人全都从家里涌到禾坪上，把龙灯队围个水泄不通，中间就是舞台。锣鼓声、舞龙灯的人的吼叫声、全村大人小孩的欢呼声和尖叫声，都混在一起，形成新年的最后一个高潮。

金溪庙的新年还有一个重要的节目是"出行"，"行"不读"行走"的"行"，而读"行列"的"行"。"出行"是一个大仪式，标志着新的一年的开始，也标志着同族人的浓厚情谊，标志着他们要相帮相扶地度过新的一年的决心。这"出行"大概包括三段，第一段是初一大清早乡亲们就互相走动，一家家地去拜年，这个时候孩子们都跟在大人的后边，每人的口袋里都会陆续地收获很多点心，到后来口里手里口袋里全都是满满的。拜年的队伍越滚越大，最后村里每家都拜到了，大家就排成一行，走出村子的大门，走到田埂（我们乡下一般叫"田塍"）上，穿过水田，走上小路，最后到祠堂汇合。午时左右，各村的人都走出来了，我就会看到好几百人，甚至上千人，兵分几路，都向祠堂进发，那景象相当壮观，一年就此一回，平常是看不到的。

到祠堂之后，主要的仪式是在长老们的主持下祭祀祖宗。我那时年纪小，不懂也不关心那详细的过程，只记得祠堂的大门前有"唐氏宗祠"四个大字，进门大厅很大，正对着大门的就是放祖宗牌位的神龛。牌位不是塑像，而是竖立的一块块木板，上尖下方，有点像我长大以后在故宫博物院里看到的"圭"，或大臣上朝时所执的手板。牌位有一大堆，放在神龛里，神龛的上方还有几个大字，是"天地国亲师"。祠堂很大，大厅的左右还有好些厢房，我最早上学就是在这些厢房里，那时我们的小学还没建好，厢房就权且充当教室。土改时这些厢房又充当过临时的牢房，我的伯父和谷满爹都在这里被关过、拷打过，我伯父还自杀过，差一点送了命。拜完祖宗后，女人和小孩就各自散去，只留下长老和家长，每家一个，在祠堂里吃饭。我那时是刚回到老家的新客，土地改革还没有进行，阶级斗争的意识还没蔓延到乡下，我还受到族人的宠爱，便被族里的长老拉在身边同他们一起吃饭。我记得那顿饭很丰盛，菜在十大碗以上，每碗都堆得尖尖的，一桌八个人无论如何吃不完。令我觉得奇怪的是大家几乎没吃什么，很快就忙着分菜，每个人的面前都铺着大张大张的干荷叶，把每碗菜都分成八份，一人一份，用荷叶包起来，为的是带回家去同家人共享。我那时正跟着谷满爹在读《古文观止》，所以立刻想到《郑伯克段于鄢》，里面说郑庄公请大夫颍考叔吃饭，颍考叔却把肉夹出来包好，郑庄公很奇怪，就问他，他答道："小人有母，皆尝小人之食矣，未尝君之羹，请以遗之。"我很开心，真是学以致用，马上就觉得族人分菜其实有古风。乡下人穷，这样丰盛的饭菜平时是吃不到的，家长们不愿意独享，要留给家里的老婆孩子们都尝一点，这很自然啊。更大点之后，我读到古人诗："桑柘影斜春社散，家家扶得醉人归""箫鼓追随春社近，衣冠简朴古风存"，立刻就想到我在老家所看到的春节出行的情形，由此悟出中国农村一两千年来的风俗其实没有多大改变。

我和妹妹弟弟1949年暮春时节离开父母，被两顶轿子从衡阳城里送到金溪庙老家，那么我记忆中的老家过新年的情形，推算起来应该是1950年的春节和1951年的春节。到1951年的秋季，我老家开始搞土地改革，一族人有的被划成地主、富农，有的被划成中农、下中农，有的被划成贫农、佃农。下中农、贫农、佃农被发动起来斗争地主，斗完地主之后又斗富农。地主、富农的田地被分掉，房屋财产也被分掉，一些人成了干部，一些人成了分子，族里的长老像谷满爹这样的被打死了好几个。乡里的风气完全变了，过年的旧习俗自然也就跟着消失了。

（作者系华中师范大学国学院院长、华中师范大学长江书法研究院院长，曾任台湾政治大学中文系教授）

◎责任编辑：李珊珊

故乡把人打回原形

⊙ 韩浩月

你躲在故乡街道拥挤的人群中，徜徉在故乡郊外蓝天白云下。你希望不遇到一个熟人，能信步自由地走上几个小时，以便确定自己仍然属于这里。你在外面漂来漂去，一直找不到扎根的地方，而在故乡，虽然你已经被连根拔走，但还是想贪婪地把故乡据为己有。

1

每年回乡，都会有一些愿望，比如，到县城电影院门口逛一圈，买几串经营了三十多年的王师傅烤肉串，站在马路边上吃完，去小书店看原来卖书的青涩小姑娘成了几个孩子的妈……今年回乡的愿望是，把去年想见而没见到的人，都见一遍。

因为受到这个愿望的鼓动，以及去年实现了职业上的自由，所以今年回乡过年，比往年提前了一周多。这意味着，有近半个月的时间，来邀请或拜访亲朋好友们。而见面的最好形式，以及最佳场合，是在某条街道的边上，选一家酒馆，点上几个菜，带上几瓶好酒，边喝边聊。

说是愿望，其实也是内心隐隐的渴望，觉得这会是个温馨、美好、欢乐的瞬间，值得长久地记忆。这么多年来，每每在匆匆离乡回到寄居的北京之后，想到遗漏而没有见到的人，内心总会有一些歉疚感。以前没有分析过这歉疚感究竟从何而来，现在想通了，这种略带点悲伤的感情，源自年龄的增长，以及时日无多、见一面少一面的恐慌。这种恐慌需要见面来安慰。

我从未扮演过衣锦还乡者的角色，尽管这是年轻时出来闯荡的动力之一。以前在内心深处，一直固执地觉得，在家乡父老面前暴露出虚荣的一面，是件不堪的事情。于是，便竭力地保持以前的样子，到了家就说家乡话，永远闭口不谈在外面的事情，包括自己做了什么等等。但显然，这不是大家所期待看到的样子。

2

故乡如同一个漩涡，你的归来则像一颗水滴，很快被旋转的速度带了进去。回乡遭到的第一个打击是，每年此刻都要相聚，且聚了近二十年的同学聚会竟然取消了。没人操办和主持，仅有一位同学打电话问："今年还聚吗？""不知道呐。""那我等通知了哈。"

去年，我力挽狂澜地组织了上一届春节同学聚会，人不算太多，有的同学为了不冷场，特意带朋友来，结果因为有陌生人在，反而真的冷场了。一桌子中年人，酒喝不动了。没人说醉话，气氛就热不起来，大家连聊上学时那点谁暗恋谁的老梗，都显得兴致不高。那时候就预感到，同学聚会可能难以为继了。

同学聚会带来的后果是，在接下来不到一个月的时间里，接到了三个同学的借钱微信。一个说做生意手头紧，希望能拿五十万帮周转一下；一个说想在村里买一块宅基地存起来，等有钱的时候盖房子，借钱额度不限，一万两万皆可；还有一位说买车手头缺钱，希望老同学能帮凑一点。好在是用微信交流，不像打电话那么尴尬，三个借钱的同学都被我婉拒了。拒绝的时候觉得自己遵守了某种规则，同时也觉得自己冷漠，心里别扭了一段时间，但最后还是觉得，"救急不救穷"这个规则更重要一些。

同学聚不成了，我开始邀请文友，都是二三十年的朋友。一位老友离开了家乡，去儿子工作的城市投奔儿子，今年春节没有回家过年。一位老友的工厂遭遇火灾，损失了几百万，根本没心情出来喝酒。一位老友和另外一位老友有嫌隙，有一个在，另外一个就不会到场。最后只有一位老友来了，他前段时间中了风，面瘫还没有好利落，戴着口罩穿着大衣来了酒馆。

我带了一个弟弟过来倒酒，另外，还有几位一直认识但没谋过面的文友过来一起聚。但整个晚上，都是我和唯一到来的老友谈论过去的事情。我们回忆过去哪一年哪一场酒喝得最为暴烈，回忆有一次喝多了在大街上把其中一位的自行车扔来扔去，还有他摔倒在街头，我送他一瘸一拐地回家……新来的朋友听得津津有味，席间欢声笑语，老友不顾全桌人的劝阻，坚持喝了一杯白酒。这场酒喝完心里踏实了许多，仿佛故乡还在。

后面一个晚上，邀请了少年时的伙伴，加上我一共四位。这真是十来岁时一起晃荡过、知根知底的伙伴啊，也是喝酒时不必提前预约、随叫随到的人。果然，他们都推掉年底要忙的事，准时地来了。

我给他们带了一年多前出版的书。在此之前，我出版的十余本书，从来没送过他们。他们是无数次出现在我文字里的主人公，可我以前莫名其妙地并不想他们读到这些文字。现在可以坦然地把自己写的故事交给他们了，也算是我心理建设过程里的一个小小的进步。

他们不读书，对我送的书也不甚感兴趣，撕掉封膜翻翻后就各自放屁股底下坐着了，彼此提醒着喝完酒后别忘了带走。四个少年伙伴，如今都到了中年，但每次见面，都觉得还没有长大，还活在过去的岁月里。那一点点成熟与矜持，仅一杯酒下肚之后就荡然无存，关上房门，像少年时那样放肆地大笑，粗鲁地劝酒，把谈论过的那些往事又欢快地复述了一遍。

以品尝的名义，在街上吃摆摊老太婆的葡萄，结果一颗没买，被老太婆追着打；逛遍城里的每一栋楼房，捡拾各种废品卖给小贩，换来钱，他们买啤酒我买书；在游戏厅和社会上的小痞子打得头破血流；为了捍卫其中一个伙伴的姐姐的名誉，在百货公司门前的夜市上和当地最大的混混头子单挑；在工商银行门前的户外卡拉OK一块钱一首点唱郑智化的歌……

说这些事情的时候，一位一直催我交稿的话剧公司老板来电，我兴高采烈地说自己终于找到选题了，写我的这几位兄弟，写乡愁，写喜剧，写我逃开又想念的故乡……那位做话剧的朋友说："别吹牛，给你录音了，交不了稿子提头来见。"

酒醒后想到席间说的话，不禁惆怅若失。关于故乡，关于少年，关于乡愁，我真的能写出好看的故事吗？在这一点上，我并不自信，因为，每当面对熟悉的人与往事，和往常一样，我总是如此迷茫。

3

"故乡，是一个可以把人打回原形的地方。"《看电影》杂志的阿郎在朋友圈发了这么一句话。我愣了几秒钟，给这句话点了个赞。

住在酒店里，换洗的衣服已经快没了。睡得晚，起得也晚，早晨从中午开始，眼泡已经有些浮肿。懒得刮胡子，洗脸的时候总觉得洗不干净。烟酒的味道在羽绒服的内里流窜。因为上火，嘴角开始溃疡。想到血液里的酒还没有完全消化掉，又要面对迎面而来的酒杯，就充满压力。没由来地想发火，又找不到发火的理由。

面对孩子以及遇到的每一个人，又得换上一副温柔的面孔，装作很自在又开心的样子。每次走进下一个酒局之前，要深深地呼吸一口气，提起全部的精神……"我已是满怀疲惫，眼里是酸楚的泪，那故乡的风和故乡的云，为我抹去创痕"，多想像歌里唱的那样，只走在故乡的风里、云里，让故乡抚慰满怀的疲惫。要用家乡话来与人交流，要用家乡的思维来考虑问题，要用家乡的价值观来评断事物。尽量不使用新语言，也别谈什么新话题，比如特朗普、老虎咬死人之类的，这和故乡无关。

在故乡，只有谈论过去才是安全的、欢快的，只有回到那个虽空出来却一直留给你的位置，才是完美的、和谐的。不要冒犯那些已经形成了数十年的规则，不要更新你停留在过去时光里的形象与性格。任何的抵抗和试图改变都是徒劳的，故乡会用她自己的方式，让你乖乖地又沉默地接受一切。

有一个例子足以证明，故乡在打脸的时候，是火辣辣的，非常疼。

我按照计划去看望孙叔——每年都去看望这位老人，我在故乡工作时的前领导。他退休后，许多当年的年轻人都不再登门了，用他的话说，我是唯一一个"有点良心的"。他在村庄边缘自己的自留地里，盖了几间简陋的房子，盖这几间房子不是为了住，而是为了等待拆迁。拆迁上楼需要二十多万才能买到新房，如果不加盖几间房子，征地补偿的钱压根不够付。

站在孙叔的院子里，感到满目狼藉。据孙叔说，某天清晨来了几辆巨大的铲车和上百号人，只花了二十多分钟时间就将他的家园"夷为平地"。孙叔打电话给我，问这事是否可以报道。当时我的回答是，房子是违建，强拆有他们的道理。

但孙叔还是坚持给我寄了封挂号信，希望我能帮他转交给媒体。那封信到达时，我在外地。孙叔打电话来问，为了让他安心，我直接说："信已经收到了。"

事实却是，因为没有及时去取，信被退回了，邮局真是太靠谱了。这次春节见面，孙叔问："你不是说信收到了吗，怎么原封不动给退回来了？"我的脸热辣辣的，很疼，想解释一下，却不知道说些什么。也许，这二十三年的感情，因为这个谎言，就掺进了沙子。不知道孙叔明年还愿不愿意见我，愿不愿意给我打开柴门。

这个事情让我耿耿于怀了数天，失眠的时候就拷问自己，是不是我整个人变了。在故乡，绝对不可以做一个言而无信的人，否则，真的会进入一个人的口头历史，成为污点。故乡，就这样简单地把我打回原形，让我思考了很多。这算是个教训，也是个警醒。希望孙叔能原谅我，原谅我的谎言，也原谅我的无能为力。

4

对待一个人最好的方式，就是把最好的给他。这是一个朴素的道理，在故乡也是一个通行的价值观。

受乡村观念和家族生活影响，每年回乡过节，我也尽可能地遵从这一规则，把一年来购买的或者朋友赠送的最好的酒、最好的茶、最可能受欢迎的礼物，塞满了汽车的后备箱带回去。同时为了保险起见，除了带够钱包装不下的现金，也给微信、支付宝里充值了自觉够用的金额。

以前会给所有孩子每人买一件新衣。对童年的我们来说，新年收到新衣是最好的礼物，但现在的孩子已经对新衣服熟视无睹，甚至连打开包装看一眼的兴趣都没有，于是近年便转为更直接的红包了。

加在一起，每年要拜访十多家亲戚，要一家家地走下去。要费点心思，考虑买什么样的礼物，要考虑品种与数量，要想到是否合对方心意，以及是否会取得欢心。通常最好的表扬是："你去年送我的酒（茶），我朋友来喝了都说好。"这会鼓励你下一年继续送下去。

我用城市里学到的礼节，来要求我的亲人、亲戚，而他们则不会如我所愿，用"见外"的口头方式安慰我一下。这大概也是许多回乡者的痛苦来源之一吧——只有人关心你混得好不好，没有人问你活得累不累。

又能怎么办呢。你不能和故乡决裂，哪怕被骂为"凤凰男"也不能。

你躲在故乡街道拥挤的人群中，徜徉在故乡郊外蓝天白云下。你希望不遇到一个熟人，能信步自由地走上几个小时，以便确定自己仍然属于这里。你在外面漂来漂去，一直找不到扎根的地方，而在故乡，虽然你已经被连根拔走，但还是想贪婪地把故乡据为己有。

你不能失望、不能抱怨、不能在酒后落泪。你以"成功"的姿态重返故乡，再以"勇敢"的面貌走出故乡。故乡如同把你推出门外的母亲，在你中年的时候仍然教育你"好男儿志在四方"，别忘了"衣锦还乡"。可是故乡却不知道，离开的人，哪怕白发苍苍，在很多时候，仍有一颗孩子的心灵。

如果故乡不能给我们以安慰，那么异乡就更不能了。

（作者系文化评论人、作家，本文摘自作者《世间的陀螺》一书）

◎责任编辑：李珊珊

法制经纬

居民自建房安全监管的问题及对策

⊙ 杨文

2022 年 4 月 29 日中午 12 时，湖南长沙市望城区金山桥街道金坪社区盘树湾一居民自建房发生坍塌事故，造成 53 人遇难，10 人受伤。初步核实该自建房屋存在从原五层加建至八层、改变房屋承重结构、安全检测报告不实等违法问题。近年来，全国范围内自建房事故频发，多起事故房屋在规划、设计、施工、监理、检测、验收、鉴定、监管等环节均存在不同程度的问题，如仅哀之而不鉴之、改之，则悲剧还将重演。

擅自在房屋使用过程中改扩建、"住改商"改变使用用途的经营性自建房，直接危及公众安全，一旦发生安全事故，后果不堪设想，对这类房屋需要进行重点监管，加大查处力度，及时制定切实可行的整改方案并坚决落实，消除此类建筑隐患，尽快解决历史欠账。

一、居民自建房安全监管的问题

1. 监管意识不强

自建房是我国传统建造方式的主流，尤其是在广大农村地区，农村居民几乎都是通过自建房来满足其居住需求。现实中，因长期对自建房缺少监管，农村居民很难理解与接受相关的监管要求。且农村经济条件相对落后，农民支付能力不高，为了节省建造成本不履行规范的设计、报建、施工、验收等程序，客观上加大了监管的难度。在农村及乡镇，应纳入而未纳入前期管理的自建房大量存在，加上监管力量和技术支撑薄弱、多部门和基层组织协同较差等原因，大多监管部门履职的主观意愿不强，监管往往流于形式。

2. 前端监管不实

在房屋建设阶段，自建房一般由户主自行组织设计、施工、监理，在竣工验收过程中，由参建人员在验收记录表上签字盖章，政府职能部门对该记录表只进行形式审查，而不论设计图是否科学、是否按图施工、房屋结构有无安全隐患、工程质量是否符合国家及行业标准的要求。户主自行组织建设并验收，其既当运动员又当裁判员，导致主管部门难以发挥监管作用。

为此，湖南省政府办公厅于 2021 年 12 月 17 日印发了《关于进一步加强农村住房质量安全监管的通知》，福建省住房和城乡建设厅于 2022 年 4 月 29 日印发了《关于强化农村自建房（三层及以下）施工关键节点和竣工验收到场巡查指导的通知》，均要求在自建房设计阶段进行统一管控，在关键节点到场巡查，在竣工验收时乡镇人民政府及时帮助组织设计、监理等单位人员参加。但现实中，上述通知并未严格执行，相关内容亦未在上位法中予以明确。

3. 后端监管缺失

在房屋使用管理阶段，违法改扩建、擅自在顶部加高加层以及对地下空间进行开挖、擅自改变结构和布局、擅自"住改商"改变用途的行为具有一定的隐蔽性，具体由哪个部门负责监管，法律和制度上并不明确，需要进一步完善。现实中，这样的违法房屋大量存在且已成事实，要全面拆除既不现实，也会浪费资源。因此，很多地方要求专业机构对房屋质量进行鉴定，鉴定合格后可以投入使用。但检测和鉴定机构参差不齐，某些机构往往抱着侥幸心理，未能严守职业操守和法律底线，随意出具检测或鉴定报告，带来巨大的安全隐患。因此，理顺各方职责，如何有效形成常态化、全流程、系统化的后端监管体系值得探究。

4. 监管方式不力

实践中，监管部门只走程序，对已发现的违建行为仅下达责令停工、限期整改的通知书，对是否停工停建、是否整改到位不进行动态监管。认为下达法律文书便已履职，有了免责依据，从而无需再采取行之有效的措施，去阻止违建行为的继续进行，执法不严，监管流于形式。

二、对居民自建房安全监管的建议

1. 开展安全与普法宣讲，争取群众支持

群众路线是我党的重要法宝，要深刻认识当前自建房安全的严峻形势，牢固树立底线思维，坚决克服麻痹松懈思想和侥幸心理，始终坚持人民至上、生命至上。发挥好村（居）民委员会在基层社会治理中的战斗堡垒作用，充分发动群众，凝聚广泛共识，利用报纸、电视、网络等新闻媒体，广泛宣传自建房屋安全专项整治工作的重要性，提高所有权人、使用人的安全使用主体责任意识和全社会公共安全意识。持续开展安全与普法宣讲，以案说法、强力执法，引导房主、业主自查自拆。各地要建立有奖投诉举报制度，畅通群众对违法建设的举报渠道，做到早发现、早制止，进一步形成群查群治的工作氛围。

2. 理顺部门职责，细化管理流程

要做好自建房屋安全监管工作，必须按照谁拥有谁负责、谁使用谁负责、谁许可谁负责、谁主管谁负责的原则，督促落实"四方责任"，即：房屋所有权人主体责任、房屋使用人使用安全责任、相关部门监管责任、属地政府管理责任。在"四方责任"中，自建房屋所有权人、使用人和属地管理责任相对明确，而监管部门的职责模糊，有待进一步细化，因此理顺部门监管责任尤为关键。

关于建设房屋的监管，一般由县级以上人民政府自然资源主管部门负责农村住房建设的规划、农用地转用、房屋权属登记等监督管理服务工作；县级以上人民政府住房和城乡建设主管部门负责农村住房建设的设计、施工等监督管理服务工作；县级以上人民政府农业农村主管部门负责农村住房建设的宅基地监督管理服务工作；县级以上人民政府财政、交通运输、水利、生态环境、林业等主管部门按照各自职能职责，负责农村住房建设的相关管理服务工作。目前这方面的制度设计和监管流程比较完善，基本没有争议。

关于住宅室内装饰装修活动的管理，对农村范围内的自建房屋并无明确规定，但在城市范围内适用《住宅室内装饰装修管理办法》，一般由建设或房地产行政主管部门（住建部门）管理。如未经城乡规划行政主管部门批准，在住宅室内装饰装修活动中搭建建筑物、构筑物的，或者擅自改变住宅外立面，在非承重外墙上开门、窗的，由城市管理部门按照法律法规行使管理和行政处罚权。

关于房屋使用过程中改建、扩建的审批和监管，目前并无明确法律规定，一

般认为应当参照新建处理，需要向城市、县城乡规划主管部门重新申请建设用地规划许可证。2018年，《中共中央办公厅 国务院办公厅关于调整住房和城乡建设部职责机构编制的通知》规定，"住房和城乡建设部城乡规划管理职责，划入自然资源部"，而住房和城乡建设部又承担着规范住房和城乡建设管理秩序和建筑工程质量安全监管的责任，一般认为住建部门和自然资源部门（或自然资源和规划管理局）都有监管责任。在《湖南省人民政府办公厅关于进一步加强农村住房质量安全监管的通知》（湘政办发〔2021〕78号）中亦明确："市级人民政府负责制定农村住房改扩建管理办法。县级自然资源、住房城乡建设部门要加强农村住房改扩建的指导监管……乡镇人民政府负责对农村住房改造、扩建、加层、隔断等建设行为的指导与监管。"对改建、扩建同时涉及非法占地的，自然资源和农业农村部门依照法律规定亦负有相应的监管责任。

关于使用过程中涉及"住改商"经营性自建房屋的审批和监管，目前并无明确法律规定，也是实践中争议最大的领域。目前《浙江省城乡规划条例》将临时改变房屋用途的确定由城乡规划、国土资源主管部门（自然资源部门）批准，永久改变房屋用途的，依照《中华人民共和国土地管理法》《中华人民共和国城市房地产管理法》等法律、法规执行。《湖南省人民政府办公厅关于进一步加强农村住房质量安全监管的通知》（湘政办发〔2021〕78号）中明确："用作生产经营或出租的住房应进行质量安全鉴定，任何单位和个人将未通过质量安全鉴定的农村住房擅自用作生产经营或出租的，由县级人民政府组织相关部门依法依规进行处理。乡镇人民政府负责对用作生产经营或出租的农村住房组织开展核查，经核查不符合相关要求的，应及时制止生产经营或出租活动，并报告县级市场监管部门和住房城乡建设部门依法依规处理。"多地出台的规范性文件，赋予了市场监管部门一定的监管义务，但整体上部门的监管职责比较模糊，关于经营性自建房屋的审批和监管仍有待通过立法进一步明确。

除此之外，教育、民族宗教事务、民政、交通运输、文化和旅游、卫生健康、体育、公安、应急管理等部门依照法律法规规定对特定领域和场所负有相应的监管责任。

总之，对自建房屋使用阶段的监管，需要进一步理顺职责，明确县级部门和乡镇的职责分工，细化审批监管流程，形成工作合力，补齐监管漏洞，真正建立起常态化、全流程的安全管理体系。

3. 创新监管方式，提升监管实效

违建加大了安全管控的风险，几乎所有的事故都伴随有违章建筑和违法施工的身影。户主违建的动机多是为了节约成本或获得非法利益，违法成本不高，很难遏制其违法的念头和冲动。如何通过经济和法律手段加大违法成本，比如创设"没收非法所得"（包括违章建筑前期出租或出售的全部所得）制度，从根源上着手，让人不愿违、不敢违。

重视源头扼制，强化日常监管，构建事前、事中、事后的动态监管体系。对新建房屋的设计图、竣工验收等关键事项由形式审查变为实质审查，充实县乡专职工程施工专业管理力量，短期无法到位的，应采取政府购买服务方式，确保关键环节监管服务到位，确保"有人管、有专业的人管"。

进一步压实责任，加大巡查和执法力度。乡镇政府应切实负起属地监管责任，以村为网格单元开展全覆盖巡查，对网格员发现的"两违"、农村建房安全问题必须快速响应、快速制止、快速查处，查处难度大的，提请县级组织有关部门联合查处。加快配齐乡镇综合执法队伍，提升行政执法人员能力水平，配合运用卫片执法等科学手段，严格执法，对渎职行为坚决追责问责。

4. 严格依法监管，把监管纳入法治化轨道

加强自建房安全监管的立法和制度保障。针对使用阶段尤其是经营性自建房监管这一薄弱环节完善制度设计，从部门职责、建设管理、使用监管、信息平台、强制举措、法律责任等方面构建全流程的监管体系。目前湖南省人大已经率先在着手制定《湖南省居民自建房安全管理若干规定》，研究建立房屋体检制度，强化房屋全生命周期的安全保障，研究建立房屋养老金制度和房屋质量保险制度。各地政府根据本地实际情况可以制定相关规范性文件，为自建房安全监管提供制度保障。

加强针对自建房安全管理的执法力度。执法实践中常常出现一些交叉领域和法律责任竞合的问题，各部门间容易推诿扯皮，司法行政部门要加强部门之间行政执法的协调，确保责任明确监管有效。在事权和执法重心下沉的背景下，要加强执法的经费保障和专业人才的供给，强化执法力量，让基层尤其是乡镇人民政府想办事、能办事、办好事。省市县三级要加强调研督导，逐级压实责任，推进法律制度的落地落实。

加强针对自建房安全管理的司法保障。人民检察院、人民法院在办理涉及自

建房安全的案件时，尤其在处理因自建房安全引发重大责任事故的典型案件中，厘清各方主体的法律责任，严厉打击各类违法行为。通过加大普法宣传、以案释法，增强自建房安全管理各主体的风险意识、忧患意识、责任意识，为有效防范并化解安全风险、保护人民群众生命财产安全提供司法保障。

加强针对自建房安全管理的法律服务保障。在自建房的排查和整治中涉及诸多法律问题，应借助律师等专业人士的力量，制定合法科学的实施方案，要有针对性地做好解释引导工作，第一时间化解矛盾、消除隐患。在整治过程中，要尊重历史、实事求是，杜绝"一刀切""运动式"的整改，应分类施策，严格依照法定程序，保障好相关主体基本合法的权利，让自建房的安全管理工作经得起时间和历史的检验。

（作者系湖南师范大学中国乡村振兴研究院乡村法律研究所所长，湖南望龙律师事务所律师）

◎责任编辑：李珊珊

前沿报导

对乡村振兴乡贤模式的可持续性思考
——基于隆回县向家村的调研

⊙ 陈重黎

  隆回县向家村在成为明星村之前是一个出了名的贫困村，村里共有 252 户、1008 人，而建档立卡贫困户则有 95 户 218 人。向家村过去一直以自然条件恶劣闻名，人均耕地面积少，没有水库而导致常年干旱，而且交通闭塞，村里几乎不存在集体经济。这种情况在 2014 年开始改善，原因是得到了华兴公司董事长向长江的大力扶持。

  向长江先生认为向家村在发展过程中走了不少弯路，曾经响应国家号召大力发展农业，但是受到向家村自然条件限制，农业产业一直难以增收脱贫。由于向家村位置偏僻，坐落于半山腰之上，土地贫瘠，缺少平地，无法进行适度规模种植。向家村曾花巨资修建农业产业园，运用滴灌技术，搭设无土栽培设备，搭建大棚。高成本的投入却无法创造效益，产业园的收入主要依靠门票，花大价格种出来的农产品却因为高额的运输成本苦苦找不到市场，产业园最终沦为了一个投入巨大却售卖低价门票的精致的"花园"。

  农业投资陷入困境的向家村，决定大力发展休闲旅游业。向家村坐落于群山之中，环境优美，空气质量良好。为此，向家村修建了连通村外的高标准现代化公路，以及景区的牛天岭观景台、游客接待中心、滑道、文化广场、扩展中心、儿童乐园、亲子乐园、水上乐园、卡丁车游乐场、5D 战车设施、乡间旅馆、音乐喷泉等，向家村牛天岭景区被评为"国家 3A 级旅游景区"并举办了乡村文化旅游节和运动会。投入发展大的休闲旅游业迅速带动农民就业与增收，向家村成为了湖南省脱贫的典范，向长江先生获得"2017 年全国脱贫攻坚奖奋进奖"。

明星村光环下的向家村，却存在严重的隐患。到 2020 年，向家村累计得到投资 1.5 亿元，而当年的村集体收入则为 63 万元，投资与回报差距过于巨大，为资本下乡带来阻碍。同时，向家村的发展主要是依靠乡贤向长江的个人投资，这种乡贤模式是无法可持续发展的，想要为后续乡贤投身乡村发展创造条件的话，则要克服乡村产业收益低的难题，树立乡贤模式盈利的榜样并建设真正能独立自主的集体经济。

湖南贫困村大多坐落于深山之中，缺少土地以及水利工程。如果在过去，这些贫困村完全可以过着靠天吃饭的封闭生活。但随着现代化的快速推进，农民的视野以及对生活的要求不断提高，村民要去医院看病，家里要购置彩电要盖新房，小孩要去城市读书，过去那一套自给自足的小农生活与城市市民的差距越来越大，已经无法满足农民的现实需要。

现在投资乡村发展的乡贤，大多是成功的企业家，当他们投入大笔资金建设家乡的时候，所面临的问题和经营企业完全不同。企业家往往在高利润行业投入资金并追求利益最大化，而乡村往往是效益低地。投入大，周期长，利润低，风险大，种种难题让企业家对乡村建设望而却步，投资乡村发展完完全全变成了企业家做慈善。

推进乡村振兴的乡贤模式正处于起步阶段，下乡的企业家大多是无偿投入乡村，却少有回报。这些下乡的企业家大多是农村出身，为的是反哺家乡。随着社会结构的稳定和变迁，未来农村子弟中越来越难出现身家过亿的企业家，等到老企业家们逐渐退伍，到时候又是谁来继承他们的家乡情怀？那些老企业家们的子女大多是在城市生活，有些甚至在国外，他们是否有像父母那一代对家乡的情怀犹未可知。靠情怀拉动资本入乡本非长远之计，政府更应该注重资本下乡的可持续发展。

资本具有逐利性，想让企业家下乡那就得让企业家看到乡村的商机。现有的明星村就是投石问路的石子，它们到底发展得好不好会受到全社会的关注。如果现在的明星村难以实现转型升级，扭转盈亏，而是继续享受企业家们单方面带来的福利，乡村就会被企业家们视为难以承受的负担并被敬而远之。企业家入乡发展乡村产业应该是村民和企业家合作双赢，农民获得了就业和收入，企业家获得了利润。但是现在不少"乡贤发展模式"却成为了一个个"泥坑"，企业家进入乡村却深陷其中，一个个项目投入巨资却难以见到成效，是继续投入资金还是早早撤资离场成为了困扰企业家们的难题。

乡村经济存在先天上的弱势，这体现在地理条件的恶劣以及农村人口的平均素质低下，发展乡村经济实际上已经违背了追求利益最大化的市场规律。在工业化国家中农业效益是不断递减的，这是任何国家都无法避免的基本规律。习近平总书记把发展农业和保护粮食安全作为一项基本国策，那么振兴乡村便不能单纯追求经济效益，而是一项重大的国家战略。因此，振兴乡村不应该仅仅依靠乡贤企业家们去做慈善，政府应该大力扶持乡贤推进乡村振兴，在资金和政策上提供支持，使政府与乡贤相辅相成，共同实现乡村的现代化。

（作者系英国格拉斯哥大学艺术学院硕士研究生）

◎责任编辑：李珊珊

海外窗口

以色列集体村社怎么"私有化"了

⊙ 刘铁柱　苑鹏

　　增强农村集体经济组织的活力，发挥集体经济的引领作用，对于实现乡村振兴战略具有积极意义。但是，过去的集体化遭遇挫折，现在新形势下的集体产权制度改革和发展新型集体经济组织又存在种种困难。因而，在发展农村集体经济过程中借鉴国外经验就具有一定的参考价值。本文根据 2017 年对以色列的实地调研，并结合已有研究文献，在回顾基布兹制度特征和"私有化"改革的宏观背景基础上，围绕 20 世纪 90 年代以来基布兹的改革内容、路径和影响，分析了基布兹改革的实质。研究认为，基布兹改革的本质是在坚持生产资料集体所有制的前提下，通过所有权与经营权分离，提高经营效率，通过大幅度缩小公共福利供给范围，降低组织运营成本。改革的目标是提高组织运行效率，而不是放弃集体所有制。同时，基布兹改革背后所蕴含的发展农村集体经济的经验和教训值得反思和参考。对于当下发展新型农村集体经济来说，其健康发展必须具备三个条件：成员的集体主义认同、新型集体经济组织运行的独立性和集体经济组织体系的完整性。

　　建立和发展新型农村集体经济，有利于培育现代化小农，夯实现代农业基础，完善农村基本经营制度，促进共同富裕。但是，我国过去农村集体化的道路并不顺畅，在深化农村集体产权制度改革、发展新型农村集体经济中，仍然存在一些困难和发展瓶颈，同时又面临着与过去完全不同的社会经济环境。对此，分析国外农村集体经济的发展和借鉴其已有经验，可以获得对中国有价值的参考。

从全球范围来看，改造农村的集体化运动在很多国家的实践以失败而告终。但是，以基布兹为代表的以色列集体化组织却独树一帜，保持了顽强的生命力，实现了可持续发展，为以色列农业农村现代化和农民福祉提升做出了重要贡献。然而，进入20世纪80年代后，随着以色列政府推行自由主义经济政策，基布兹普遍陷入债务危机，并随即启动了被称为"私有化"的改革。自20世纪90年代至今，大约75%的基布兹都开展了内容基本相同的"私有化"改革。

对于基布兹的改革，张晓山从意识形态方面进行了解读，张力和刘中杰探讨了外部环境与改革的关系，Abramitzky从成员异质性和组织福利保障水平的角度，分析了基布兹的改革和变化。那么，从农村集体化的角度来看，基布兹的改革是否又是一个集体经营组织模式失败的典型案例？以色列的情况是否说明集体化的组织制度本身存在重大缺陷？本文将从基布兹改革的内容、路径和影响三个方面，揭示"私有化"的含义和改革的本质，总结其在发展中的得失，以期为我国农村集体经济的发展提供经验和启示。

本文的分析采用文献研究与实地调研相结合的方式展开。文中有关基布兹改革现状的内容是基于2017年10月在以色列的实地调研，调研的考察对象包括以色列基布兹运动联盟总部、Ha'Organ基布兹和Sde Eliyahu基布兹。Ha'Organ基布兹进行了"私有化"改革，而Sde Eliyahu没有进行类似的改革，基本保留了过去的集体制。本文涉及的数据，除特别注明外，均来自调研所获得的第一手数据。

一、基布兹的制度特征与改革背景

1. 基布兹的制度特征

在以色列农村，有一种特殊类型的村社组织——基布兹。基布兹是20世纪初犹太锡安主义运动的产物，是政社企合一、生产与生活资料集体所有、统一经营核算的综合性村社组织，社区居民与集体经济组织成员同一，具有成员共有、共治和共享的组织特征。基布兹成员来自于国外移民或以色列本土市民，20世纪60年代之前绝大部分成员主要是来自东欧的犹太人。大部分基布兹在1948年前建立，成员规模一般从100~800人不等。基布兹的创建者深受社会主义思想的影响，拥有共同的愿景，要建设一个人人平等、各尽所能、各取所需的社会。2017年以色列共有274个基布兹，常住人口15万，其中成员6万人。

从组织建立的基础来看，基布兹按照自愿原则加入，租赁国有土地建设社区并进行生产经营,成员在此居住和生活,共同从事农业和非农产业生产。成立初期,大部分基布兹处于荒凉的边远之地,75%的基布兹位于以色列的边境地区,但是随着城市化的不断发展,很多基布兹已成为城市的郊区。

在组织功能上,基布兹既是经济组织也是社区组织,除了经济职能外,还承担社会、文化和环境保护等非经济职能。为了保证组织目标和职能的实现,基布兹发展了集体农场和集体工商企业。基布兹的经营收入由成员共同所有,除了用于扩大再生产部分,还用于成员的基本生活所需,包括提供自孩子出生到大学毕业的教育经费支出、免费住房、医疗和交通等公共服务。基布兹统一安排成员的劳动就业,允许少数成员在外就业。在社区外工作的成员基本上从事的是本基布兹无法提供的工作,如政府公务员、科研文教机构专业人员等,但需要将本人获得的收入如数上交基布兹,由基布兹统一发放生活津贴和交通补助等,这与劳务派遣有些类似。

基布兹的治理实行民主决策制度,成员人人平等,全体成员大会是最高权力机构,重大决策由全体成员大会按照少数服从多数的原则表决通过。同时,基布兹设立不同的专业管理部门,负责组织日常运行。这些管理部门的负责人实行轮换制,为有相同或相近能力和意愿的成员提供了平等机会。基布兹内部组织决策和日常事务的执行与监督由全体成员共同参与完成。由于成员外出就业、上学和参军等,基布兹与外部社会保持密切联系,但资产使用和社区服务并不对外开放。

为了进一步实现规模效应、扩大市场话语权和社会影响力,基布兹之间还结成区域性的联合生产服务合作社和社团型的"基布兹运动联盟组织"。运动联盟组织主要为各个基布兹提供社会事务、法律事务和成员教育等方面的服务。运动联盟内建立了共同消费基金和互助制度,以帮助发展相对落后的基布兹,最大程度地缩小不同基布兹在收入和成员福利水平方面的差距。

2. 基布兹"私有化"改革的背景

(1)财务危机的冲击。以色列建国后,在工党执政的29年里,有4任以色列总理和1/3的内阁成员来自基布兹。凭借其政治影响和思想意识的引领作用,基布兹曾经长期主导农村建设、农业生产经营和农民生活,成为以色列农业现代化的主力军,从而得到以色列政府的积极扶持,并在20世纪70年代达到了历史高峰,直到现在基布兹的农产品产值仍占全国农业总产值的48%。20世纪60—80年代,在以色列政府刺激性政策的诱导下,基布兹普遍依靠银行贷款,开展大规模的投资活动，其中存在大量缺乏有效论证的项目，很多贷款还直接被用于基布兹成员的消费支出，最终导致 1980 年代基布兹整体上出现了无力偿还银行贷款的现象。为防止财务危机的影响进一步扩大，以色列政府出手进行了干预，部分债务得以减免或延期，基布兹避免了倒闭的结果。但财务危机削弱了基布兹为成员提供服务的能力，为减少非生产性开支，一些基布兹逐步取消对成员的生活供给，而且也减少了社区服务开支，形成对基布兹制度的最初改革。另外，财务危机也降低了其发展产业和提供就业的长期潜在能力。基布兹产业发展还受到市场状况和政策环境的影响，关于产业发展下文将会详细讨论。到了 1990 年代，基布兹很多青壮年成员退出组织，去城镇生活和工作，组织未来存续问题进一步推动了改革。

（2）组织成员分化与成员间价值观的裂痕。财务危机是基布兹改革的直接导火索，但其深层次原因是基布兹的集体经济日益弱化的供给能力与成员不断增长的多样化需求之间的矛盾日益激化，及由此造成的成员分化和成员价值观的分裂。

基布兹制度已经持续了 120 余年，大约经历了 6 代成员。20 世纪 70 年代，大规模移民建设时代结束，基布兹成员的来源开始依赖内部人口的自然繁衍，成员后代成为新成员的主要来源。按照基布兹的制度规定，外部新成员加入要得到全体成员投票表决，不可能接受集体意识淡漠或思想理念差距太大的新成员。对于成员后代，虽然在形式上也存在相同的成员遴选过程，但实际约束较为宽松，成为新成员的难度较低，具有类似内部人的优势。如果说前三代子弟成员深受基布兹基本理念影响的话，随着时间的推移，以色列建国后出生的成员的集体价值观、集体信念已经开始淡化，而追求个人自由的功利思想不断加重。

此外，年轻成员与中老年成员行为选择的相对代价和风险不同。年轻成员没有老一代曾经面对的严苛生存压力，实现个人多样化目标的机会成本和风险显著低于前辈成员的青壮年时代，衣食无忧下的多样化目标追求成为主流。对于中老年成员，理性选择是维持原有集体制模式，而年轻成员则容易在组织之外找工作和生活，留在本集体组织内并没有特别优势，因此缺乏保持现状的较强动力。在这种情况下，基布兹成员间行为选择和价值取向的异质性不断增强。如果保持原有集体制，基布兹就必须有能力为成员、特别是年轻成员提供更好的生活服务和足够的就业，集体经济承受的压力会不断上升。

另外，由于各年龄段的成员面对不同的约束和条件，改革可能会在基布兹成员之间造成不同的影响，所以成员对很多改革内容难以形成一致意见。

（3）政策环境发生改变，要素成本约束加强。以色列建国前，基布兹被犹太组织视为实现犹太人定居巴勒斯坦的重要手段，获得了廉租土地、生产与生活资料、技术指导等方面的外部支持。这些扶持政策除发展基布兹经济之外，还具有明显的政治意图，甚至军事属性。基布兹成员来到巴勒斯坦时身无分文，也没有任何农业生产经营方面的经验，这些支持对初创阶段的基布兹至关重要。

建国后，以色列政府传承了对基布兹的扶持政策，扶持政策的政治色彩和扶贫性没有改变，而且支持力度更大、支持范围更广。很多新的扶持方式得以实施，包括对农产品的进口采取限制措施，帮助基布兹建立和发展联合生产服务合作社，赋予从事农产品销售的联合销售合作社垄断豁免的法律地位等。为了帮助基布兹解决资金问题，尤其是在发展非农产业方面的资金缺口，以色列政府直接提供补贴和银行贷款贴息。当基布兹遇到还款困难时，政府会直接进行干预。在政府的帮助下，基布兹还建立了相互担保合作金融体系。因为政府的介入和相互担保制度的建立，银行对基布兹的借款审查和监督较为宽松。另外，以色列通货膨胀率长期处于较高水平，贷款的实际利率很低，更加刺激了基布兹的贷款行为。在以上因素共同作用下，基布兹一方面大量举债，另一方面资金运用不受监督和要素价格的约束，助长了基布兹的败德行为，比如利用贷款建立了很多低效运行的工厂。另外，要素成本的软约束之下，基布兹不注重提高组织运行效率，不同功能部门没有单独的会计核算，只设立集体总账目，有关组织运行效率的信息得不到及时披露。

20世纪70年后期，以色列的新一届政府在自由主义思想下，开始减少对基布兹的支持，同时放松了对农产品市场的限制。在基布兹还贷困难时，政府没有像过去那样进行干预，以色列银行相应地收紧了对基布兹贷款的约束。因此，基布兹从外部获得资金和资源的难度与成本提高，要素成本约束开始发挥作用，不符合效率要求的行为难以为继，过去超过组织本身负担能力的功能范围失去支撑。要素成本约束还提高了对要素使用效率相关信息的需求，基布兹的组织治理向着增加信息有效披露的方向发展，使得部门分离、建立独立的财务账户具有了必要性。

（4）主导产业相对优势的下降。基布兹核心产业市场竞争优势的下降是财务危机的另一个重要原因，也是这些基布兹改革的直接动力。

以考察的 Ha'Organ 基布兹为例，在20世纪80年代之前，其塑料制品厂和农业的收益一直较好，是最重要的收入来源，并为绝大部分成员提供了就业。此后，在自由主义经济政策和全球化背景下，国外厂商的竞争使得 Ha'Organ 塑料厂面临较大的竞争压力。类似地，由于农产品销售联合组织的垄断豁免和农产品进口限制逐渐被取消，基布兹的农业也失去了原来的优势。Ha'Organ 集体产业的效益下滑，绝大部分成员选择外出就业，由此获得的总收入大大超过集体经营收入，导致收入归公和平均分配的基础被瓦解。但那些具有较高产业竞争力的基布兹，则仍然维持了原有的集体制度。如与 Ha'Organ 只相距 4 km 的 Ma'abarot 现在仍然保留了传统基布兹体制。Ma'abarot 在成立后的很长时期存在经济困难，通过基布兹运动组织的共同基金接受其他基布兹的帮助，包括 Ha'Organ 的资助。但后来 Ma'abarot 所创办企业的效益逐渐提高，集体收入不断增加，仍然可以维持统一分配的集体制度。再如另一家保留传统集体制的 Sde Eliyahu 基布兹，拥有经营状况良好的农业公司、科技生物公司、香料加工厂和有机肥加工厂，其集体经营收入是成员个人总收入的将近 3 倍，因此，成员愿意上交自己的工资，继续维持收入的集体分配。但是，即使这些基布兹，也难以同时保持产业效率和为成员提供足够就业，成员大部分外出就业。

二、基布兹改革的内容、路径和影响

1. 改革的主要内容

基布兹改革的目标明确，不是要解体基布兹的集体制，而是要让其适应新时代、新环境的变化，能够存活下来，实现可持续发展。这种改革愿望在 1950 年代及以前出生的老一代成员中尤其突出。基布兹改革主要围绕提高组织的运行效率展开，改革内容主要有 5 个方面。

（1）建立内部社会保障制度。基布兹利用向成员收取的费用和集体经济收入建立了内部社保制度，成员缴费根据个人的收入水平实行累进制。社保支出主要用于发放养老金和扶贫金，养老金占较大比例。基布兹发放养老金的最低标准由所属的基布兹运动联盟组织制定，比如按照 2018 年汇率水平，Ha'Organ 是每人每月 7000 元人民币。同时，基布兹老年成员作为以色列公民，还可以从全国社保体系领取 4000 元人民币的最低养老金。除此之外，依据困难程度和家庭状况，那些收入水平低于贫困线的成员可以获得资金帮助。如果基布兹存在内部社保能力不足的情况，其所在的基布兹运动联盟组织还会直接提供资金支持。

（2）保留成员收入的集体账户，实行生活消费和个人收入私有化。绝大多数基布兹的改革始于取消平均主义的生活供给制度，由成员自己支付和安排基本生活所需，包括关闭面向所有成员的免费集体食堂、洗衣房、社区诊所、交通服务和免费家具。同时，原来免费的社区服务，如幼儿园也变为收费项目。为了平衡收支，基布兹的幼儿园还同时面向社区外招生。

实行生活供给制的时期，基布兹不支付成员货币工资，只按人头支付少量的"零花钱"。随着生活消费成为个人事务，成员收入的私有化也成为必然，也允许成员间收入差异和私有财产的存在。以 Ha'Organ 为例，留在本集体内工作的成员，由基布兹按照市场行情支付工资，即成员的工资性收入归个人所有和支配。因 Ha'Organ 的就业岗位有限，现在大约有 30 人在组织内就业，其他大部分成员外出就业。改革之前，外出就业成员的收入一律上交集体的统一账户，由集体统一支配，成员个人只获得与其他成员相同的数百美元的"零花钱"。改革后，成员外部就业收入先上交基布兹，集体统一扣除 10% 之后，再返还到每个成员的个人收入账户。成员外出就业的收入不同，从而成员间收入水平出现了差别。Ha'Organ 现在也允许成员拥有汽车之类的私有生活财产，不再像改革之前，成员不能有这些私人财产，而由集体提供免费的相关服务。

从形式上来说，基布兹仍然保留了集体工资账户，但是已经与过去有本质的区别，分配制度体现出按劳或按贡献分配原则，成员个人直接获得个人收入的绝大部分，不再遵守"各尽所能、各取所需"的原则。按照以色列的政策规定，如果基布兹取消集体收入账户，就不能再保留集体所有制村庄的组织身份，同时也就不享受相应的政策优惠，最为突出的是以低廉租金承租国有土地。

（3）坚持房屋集体所有，实行所有权与使用权分离。按照法律规定，基布兹必须为成员及其家庭免费提供单独的住房。过去，基布兹住房免费分配，分配根据各基布兹的经济实力、成员家庭规模和成员资历等进行。基布兹负责住宅的建设和维修，免费提供冰箱、家具等主要家庭生活设施。成员对于住房只享有居住权，不可以出租。那些现在还执行传统集体制的基布兹基本继承了这些做法。

对于改革后的基布兹，所有住房仍属集体财产，但取消了免费住房分配，将原来的福利房制度改革为集资房制度。首先，对于已分配给成员的免费住房，进行了产权改革，主要依据成员资历，由具有房主身份的成员支付低廉的价格，从而获得房屋的相关权利。其次，新成员需要自己支付基布兹建造房屋的成本。需要指出的是，所有的基布兹利用社区闲置土地建设新住房必须得到政府土地管理和规划等部门的批准。在住房与新成员吸纳的关系方面，改革后的基布兹大致采取了两种不同的做法。为了防止住房获得者将住房出租，而本人不在基布兹生活，成为纯粹的食租者，很多基布兹要求新加入的成员，先获得成员身份，再为他们提供成本价的生活住房。按基布兹规定，基布兹成员必须生活在本社区里。另一些基布兹，如 Ha'Organ 规定新成员必须先按照建造成本购买住房的使用权，然后才能获得成员身份。

对于获得的住房，成员仅拥有居住方面的使用权和出租收益权，租客可以是外来人员。因为无论新老成员，必须生活在基布兹的社区，成员出租房屋只能出租个别房间，只有在成员短期性外出的情况下，房屋才能整体出租。成员退出基布兹时，可以出售自己所购房屋的使用权，但只能出售给本基布兹的成员，成员过世后的房屋遗产赠与也只能在成员之间进行。这些房屋出租或出售形成的收益归成员个人所有。

除了住房外，Ha'Organ 闲置的其他房产除作为公共设施使用外，也向社会出租，租金收益属于 Ha'Organ 的集体收入，这形成了集体收入第二大来源。由于房屋对外出租吸引了不少外来经营者和租住者，Ha'Organ 现在大约 870 名长住居民中，非成员居民占据了约 60% 以上。

（4）保持主要生产资料的集体所有制，实行所有权与经营权分离。在改革中，基布兹坚持主要生产资料的集体所有制不变，但摒弃了只能由集体统一生产经营的规定，实行所有权与经营权的分离。这一改革是为了增加集体经济收益，具体做法包括职工分享收益和风险的承包经营制、成立独资公司、对外合作建立公司和企业等方式。以 Ha'Organ 为例，首先将集体从国家租用的耕地一分为二，一部分耕地与附近的其他三个基布兹的耕地联合，共同组建了独立的棉花种植公司，开展合作经营，收益按照入股的土地比例分红，同时为 5 名成员提供工作岗位，支付他们市场水平的劳动工资。剩余的耕地由 Ha'Organ 独资的橘子种植企业使用。Ha'Organ 还以投资人身份将其他生产资料，比如拖拉机等农业机械设备投入到以上的两个农业公司之中，获得单独的服务收入，该收益也属于 Ha'Organ 的集体收入。与此类似，Ha'Organ 将原有塑料加工厂转变为独立核算的独资企业，15 个成员在厂里工作，按绩效获取劳动报酬，Ha'Organ 承担经营风险、获得经营纯收益。上述经营收益是目前 Ha'Organ 主要的集体收入来源，约占其集体纯收入 60%~70%。

（5）坚守成员共治和民主治理，实行专业化组织管理。改革后，基布兹的最高权力机构仍然是全体成员大会，重大事项仍然通过全员民主投票决定，共治特征和民主的治理架构与运行原则没有改变，成员在集体中的权益得到尊重和保护。改革主要针对经营层面和日常管理机制。首先，按功能设置职能部门边界，生产经营部门和社区生活服务相互独立，财务单独核算，不再混为一体。上文提到的企业独立核算就是这一改革措施的具体表现，社区生活服务的收支情况也定期向全体成员公布。其次，对企业和社区所有岗位实行市场化招聘，实现了企业和社区服务所有工作人员的职业化和专业化，各司其职，不再交叉任职或相互兼职，形成对基布兹负责的纵向层级管理与监督体制。对于所属企业和社区服务的经营结果，基布兹理事会作为所有者代表，拥有最高监督权和最终决策权。

从以上基布兹改革的 5 个主要内容可以看到，基布兹改革中的所谓"私有化"，是指生活消费和个人工资账户的私有化，并没有涉及通常意义上的生产资料和房屋之类的集体资产，对这些财产是在集体所有制之下放活其经营权和使用权。

基层基布兹的这些改革也导致了整个基布兹组织体系的变化和相关法律的修改。首先，基布兹的地区联合社原有的相互担保的合作金融制度被取消，但继续为成员提供生产服务，并承担为成员提供部分优惠贷款的功能。其次，基布兹运动联盟中平衡各基布兹生活水平的制度和对应的共同基金制度被取消，各基层基布兹建立了上文提到的内部社保制度，成立了内部共同基金。但联盟组织保留了对基布兹的救济和互助制度，以保证基布兹成员的最低生活水平。在法律层面，根据基布兹改革的范围和程度，2005 年以色列修订了相关法规，将原有的基布兹分为改革的基布兹和保持传统集体的基布兹，分别注册为新型基布兹和传统基布兹。二者最重要的区别在于是否进行了生活供给制和个人收入分配制两项改革，实施这两项改革的，就属于"私有化"改革，就像 Ha'Organ 这类基布兹，从而被归为新型基布兹。但是，这些新型基布兹仍被法律归类为基布兹，其重要原因就是这些基布兹保留了集体所有制和集体收入仍归集体所有，并用于成员公共事务。法律上对基布兹分化的认可，反过来又强化了基布兹之间的异质性，提高了组织体系的开放性和灵活度，但造成了基布兹之间合作程度下降，整个组织体系的集中度减弱。

另外，那些传统基布兹也有较大变化，不再遵循集体资产集体共同经营使用和成员自我雇佣，生产经营部门按照市场化企业运行，实行承包经营制度和各种形式的对外开放。而且，社区的服务设施也对外经营，社区与经济部门各自成为独立核算的主体。这些基布兹的成员现在大多在外就业，虽然仍要上交工资收入，但普通成员的经济来源不再像从前那样依赖于基布兹。因此，传统制基布兹已不再是一个集成员生产、生活于一体的封闭性的综合社区组织，出现向着成员生活居住的社区方向转型的趋势。

组织开放程度提高之下，基布兹整体经营范围中服务业发展迅速，比如乡村旅游，改变了基布兹过去较为单一的工农产业结构。目前，基布兹的工业、农业、贸易与服务业提供的就业岗位占比分别是 70%、11% 和 7%。基布兹的农业和工业在以色列占有较大份额，其工业贡献了以色列工业产值中的 10%，但基布兹在国民经济中相对地位呈现下降的态势。

2. 改革的路径

基布兹的改革，没有预先的改革顶层设计，改革进程受到现实财务状况、对集体组织原则的遵守和民主决策方式的共同影响，各项具体的改革不是同时一步到位，呈现明显的问题导向性和渐进性。

首先，在现实财务状况压力下，基布兹改革推进过程具有问题导向的倒逼式特征。以 Ha'Organ 为例，出现财务危机后，先取消了生活和医疗服务的免费供应，实行有偿服务，几乎同时开始支付成员市场化的工资报酬。随后，因无力继续支付供给成本，尤其是成员的工资成本，剩余的免费生活服务也逐步取消，彻底关闭了公共食堂和公共洗衣房，同时减少了社区服务的岗位，由此形成了最早的下岗成员，大约有四五十人，基本都是 50 岁左右的妇女，她们很难外出再就业，沦为生活困难成员。为了解决这些贫困成员和老年成员的生活问题，Ha'Organ 建立了内部社保制度。改革开始后的最初几年，Ha'Organ 绝大多数的成员还在组织内就业。为了进一步改善财务状况，提高市场竞争力，Ha'Organ 开始了部门分离和生产经营部门的企业化改革，实行经营责任制，辞退冗余人员，促使大部分成员外出就业。之后，为了增加集体收入，一些社区服务也开始对外经营。

其次，保持基布兹的共有、共治和共享是改革的底线，增进全体成员共同福利依然是组织的根本目标，集体纯收益用来支付社保体系和公共支出，成员权收益的绝大部分仍需要成员居住在社区内才能享有。因而，改革不是从高度集体化到全面个人化的跳跃，而是两者的融合。

最后，基布兹改革依靠成员民主决策机制来实施，按照成员的投票结果决定是否进行改革，一些改革方案因民主表决达不到最低票数而被搁置。

以上三个方面的共同作用之下，基布兹改革在现实问题压力下以渐进的方式和路径不断展开。

3. 改革产生的影响

虽然基布兹的改革提高了经济效率，但是改革造成的后果却是多方面的。

（1）成员差异得到尊重，但造成了成员在经济上的分化。改革后的基布兹允许成员自行安排生活和保留各自收入，因而扩大了成员的选择范围，有利于满足多样化需求。Ha'Organ 老年成员就认为领取退休金，自行安排的生活好于过去的集体制生活。但是，成员获得收入的能力不同使得成员出现了分化，现在 Ha'Organ 仍有少数成员收入处于贫困线之下。

（2）改善了治理效率，但也造成了一些资产利用率下降。基布兹的改革将生产经营、成员生活和社区维持三项功能分别划分给了企业、成员家庭和社区，独立核算，自负盈亏，各个部门回归自己的功能。经济部门和社区部门大量雇佣专业人员，建立各自清晰完整的账目，定时向成员公布账目，提高了组织运行信息的透明度和对称性。这些改革符合要素市场价格或影子价格的限制，基布兹的生产性资产利用效率得以改善，大部分社区资产也得到较好利用，如上文提到的社区服务对外开放。有些社区资产还改为他用，比如 Ha'Organ 原来的诊所就成了成员的住房。

但是，现实中也存在基布兹原先的一些集体设施资产并未得到充分利用的情况。比如，在 Ha'Organ 社区的中心位置有一个大型礼堂，过去经常举行音乐会之类的文娱活动和其他集体活动。但是，现在的礼堂从外表看布满灰尘，利用率非常低。可以推想，在改革后的基布兹里，随着集体组织从一些领域退出，相关的设施和设备就可能存在低效使用的情况。

（3）组织功能的收缩，引起来自外部的政治和社会压力。在以色列公众看来，基布兹的财务危机主要是其自身制度和经营的结果，但解决危机却消耗了大量纳税人的钱。很多以色列人认为，新型基布兹允许成员收入存在差异，已经失去了维护社会平等的职能，与其他社区没有区别，不应该再享受与其相关的优待，尤其是廉价土地。以色列政府为了平衡这种社会压力，对新型基布兹的土地使用进行了限制。几年前，Ma'abarot 基布兹为了解决成员住房问题，向政府提出了使用土地建房的申请，获得了政府的批准。但是，政府却拒绝了 Ha'Organ 的相同申请。这导致了 Ha'Organ 无法大量吸收新成员，没有 20 多岁的成员。上文提到的集体工资账户也是对政治和社会压力的回应。

另外，基布兹运动联盟组织的实力和对成员的影响力明显下降的同时，地区政府影响力不断上升。有些发展遇到困境的基布兹现在更加依靠地区政府的支持，在获得支持的同时，必须按照地方政府的要求修改自己的制度安排。

三、基布兹改革的经验、教训与启示

以色列基布兹的改革经验，对于我国深化农村集体产权制度改革和发展新型

农村集体经济组织有 3 个方面的借鉴意义，也可以归结为一条经验、一条教训和一个启示。

1.一条经验：对集体主义的认同是基本前提

新型农村集体经济的发展要求在共同目标和相互认可基础上，集体经济组织成员必须拥有集体观念，关心其他成员和整个组织的利益，同时组织也要坚持服务成员的宗旨。基布兹虽然进行了改革，但是集体制并没有消失，尤其是生产资料的集体所有制没有变，改革是坚持集体所有制前提下的组织效率改进，以促进成员增收和福祉提高。这与基布兹成员坚信共有、互助、平等和民主的价值理念，认同集体价值观关系密切。

中国农村是关系紧密的熟人社会，村民成员间大多存在着血缘、亲缘或族源的纽带关系，存在一些共同的生活目标，也有着共同的文化传统。但是，村民群体缺乏建立在独立个体基础上的，自由选择为前提的现代集体观念，即共有、平等、民主、互助、自立和共享的理念。首先，经历了 20 世纪 50 年代后期的集体化运动后，集体理念被误读与标签化，造成村民共同的集体价值观念较为薄弱，新型集体经济的群众思想基础难以形成。其次，市场经济交易关系在农村的扩散，人口不断向城镇流动，正逐步淡化着农村社会的凝聚力，共同的集体价值观念更加难以形成。因此，在深化农村集体产权制度改革中，在发展新型集体经济组织中，要有一场观念革命，以全面推进乡村振兴为契机，广泛开展广大村民的启蒙教育，强化对农民现代合作理念的培育，扫除思想障碍，重构村民对集体的价值认同。在实践中，通过教育培训和典型案例的宣传，让农民认识到新型集体经济共有、共治和共享的本质，形成对集体能够促进个人利益的预期，从而有利于农民集体理念的形成。

2.一条教训：政府扶持以保持集体经济组织运行的独立性为底线

集体经济组织作为发展集体经济的组织载体，保持自身独立性具有重要意义。集体经济组织的独立性是成员集体观念的重要现实基础，也是组织自我发展能力形成的重要前提。维护集体经济组织独立性，既包括防止外部对集体经济组织内部事务的干预，也要防止对其外部发展环境的不当干预。通常，对组织事务的干预很可能与成员意志相违背，容易激起组织成员的反对。但是，对于外部发展环境，尤其是优惠的政策环境，成员一般不但不反对，还凭借小团体的共同行动优势极力争取和维护。这会增强集体经济组织对政府或其他外部组织的依赖性，弱化集体经济组织的自我独立性，导致非理性的经济行为。

由于中国农村新型集体经济组织还处于萌芽培育阶段，需要政府的扶持，而且新型集体经济组织目前的发展有实现社会公平的意义，也是乡村振兴战略的重要部分，政府支持政策具有正当性。但是，政府政策的重点应该是培养新型集体经济组织自我发展和服务能力，切实起到服务农民，促进成员共同发展的作用。因此，政策制定和实施应该关注组织权利与责任的对等，减少对要素成本的扭曲。

3. 一个启示：组织体系的完整性

新型集体经济组织的价值体现在为成员提供现实服务的功能上，帮助农民在市场经济中获得合理地位，维护农民在政府政策和社会事务中的利益，促进农村社区的发展。这不但需要新型集体经济组织自身的核心竞争力，也需要一个涵盖多种组织类型的、完善的组织体系的支撑。但是，在这个组织体系中，最重要的是集体经济组织之间能够互助共济，资源优势互补，风险共担，以实现规模经济，分享产业延伸和融合的收益，提升市场竞争力。同时，这样的组织体系要能够与政府政策层面对接，起到集体组织与外部社会联系的桥梁作用，提供农民与政府和社会之间交流的高效平台。这就更需要组织体系内的集体组织之间相互联合，形成合力，以降低谈判成本，真正发挥规模效率的优势。

现在大量的农民合作社已经通过产权交易方式和成员的多重身份建立了与村集体经济的内在纽带联系，但大多仅停留在此层面，缺乏新型集体经济组织之间的联系。现阶段的新型农村集体经济组织基本上个体化地散落在村庄层面，未来需要相互之间联合起来，形成完整的组织体系，以实现组织的健康发展。

（本文转自《农业现代化研究》，作者单位：刘铁柱，山西农业大学经济管理学院，中国社会科学院研究生院；苑鹏，中国社会科学院农村发展研究所合作经济研究中心）

◎责任编辑：李珊珊

想说就说

大湖论坛共识：对洞庭湖的认识须拨乱反正

⊙ 李跃龙

为加强对长江经济带与洞庭湖生态经济区高质量发展的研究，2021年12月11日，首届"长江经济带·大湖论坛"在湖南理工学院举行。来自政府部门、高等院校、科研院所的100余名代表聚集岳阳，就推进长江经济带和洞庭湖生态经济区高质量发展进行探讨。"长江经济带·大湖论坛"把洞庭湖生态经济发展置于长江经济带国家战略下统筹思考和研究，适逢其时，意义重大。洞庭湖和长江是一个整体，牢记习近平总书记"守护好一江碧水"嘱托，如何认识洞庭湖则是一个核心问题。

一、洞庭湖的流域面积相当于中国国土面积的七分之一

洞庭湖湖盆及其承纳的水体总面积为5422平方公里，其中通江湖泊面积2702.74平方公里，洪道面积1140.91平方公里，内湖面积1578.33平方公里。从湖容上看，目前洞庭湖通江湖泊的最大湖容是240.03亿立方米，但洞庭湖的总库容，如果不纳入通江洪道和垸内湖泊的容积，那是非常不完整的，它反映不出调蓄洞庭湖的真实能力。洞庭湖的实际面积因时空变化和水位而不同，因此它只能是一个相对而且动态的数字。我们不是否定过去曾经认定的2625平方公里、2691平方公里、2791平方公里、4040平方公里等不同说法，而是随着科学技术的进步，在探求对洞庭湖面貌的一种新的认知。

洞庭湖的流域面积为126.28万平方公里。这个巨量的数字是

一个怎样的概念呢？它相当于我国国土面积的七分之一，仅小于新疆的面积而又大于西藏，是世界第一大淡水湖苏必利尔湖流域面积的十倍。洞庭湖流域面积之大超乎我们的想象。

过去我们对洞庭湖流域面积一般表述是 26.28 万平方公里。湖泊流域面积是指汇入湖泊的来水区域。湖泊集水区域的大小，对湖水的补给来源、湖泊蓄水量、湖水水情的变化以及湖水水质都有一定影响。从这个角度出发，把洞庭湖的湖泊流域面积仅仅认定为 26.28 万平方公里，是不全面的，它不符合事实。2013 年，我们第一次将长江上游的流域面积计入洞庭湖的水系流域面积，曾经这样表述："洞庭湖水系流域面积若加上长江四口分流入湖的流域面积，洞庭湖水系流域面积约达 130 万平方公里，占中国国土面积的七分之一。"有关人士认为，在洞庭湖流域面积的认定上，之所以存在较大的差异，主要涉及两个关键问题：一是流域边界的界定差异；二是河流与河流集水面积分水岭的界定差异。不管用何种方法测量计算，均要统一这两个问题，否则难以达成共识。我个人的看法是，这不是技术标准问题，而是认知角度问题。

洞庭湖流域面积的这种特殊存在，是复杂江湖关系的一种表现，在中国是唯一的，在世界上也是少见的。洞庭湖的水系包括湘资沅澧四水、长江四口和东南西洞庭湖水系等几个部分，而湘资沅澧四水和长江四口是大头。湖区的老百姓把四口称为"北水"或者"西水"，因为它来自长江来自四川，而把四水称为"南水"，这个方位感是十分清晰的。湖北人则把四口称为"荆南四河"，荆则指长江荆江段。通过汇入地表水的径流量，可以看到长江来水通过四口到达洞庭湖的比重。大约 60 年前，洞庭湖平均入湖径流总量为 2803 亿立方米，其中长江四口为 940 亿立方米，占多年平均入湖径流总量 32.4%。最大年径流量发生在 1954 年，总入湖年径流量为 5268 亿立方米，其中四口为 2330 亿立方米，占 44.2%。从历史上看，高的年份，长江分流洞庭湖几近一半，低的年份，也在五分之一以上。

四口的径流来自长江，来自昆仑山脉、唐古拉山脉、巴颜喀拉山脉，来自荆州、宜昌以上广袤的鄂川黔地区。很显然，把四口水系的流域面积圈限在区区 6756 平方公里内，是不科学的，因为它的范围仅仅只有湖北、湖南两省的 13 个县（市），这个弹丸之地产生不了 940 亿立方米的地表径流。而黄河的平均径流量是 580 亿立方米，鄱阳湖的径流量是 1200 亿立方米，这个介于黄河和鄱阳湖之间的巨大地表径流量，只有特别大的区域才能与它匹配。

二、独特的洞庭湖就是一条洞庭河，是第二条长江

洞庭湖是一个湖泊体系，而不是一个单独的湖泊。因为地质运动和人类活动双重因素的叠加影响，洞庭湖曾经统一的整体水面已被分割成东洞庭湖、南洞庭湖和西洞庭湖，通过洪道和湖沼连接。

现在的洞庭湖系，主要包括通江湖泊、洪道和内湖三大部分。这种状态的形成是长江和人类本身的活动改变江湖关系的结果，长江是主导者，人类是主导者，洞庭湖是被动者、接受者。二十世纪并往上溯，学术界、水利部门和全社会所谈论的江湖关系，主要是指长江和洞庭湖的关系，很少涉及其他湖泊。独特江湖关系所形成的大量尾闾湖，在其他地区不明显；洞庭湖区千万亩左右的垸田湖田，更是鄱阳湖、太湖等不能望其项背的。洞庭湖是受人类活动影响、受长江影响之最的湖泊。

洞庭湖是唯一调蓄长江的通江大湖。长江荆江段古有"九穴十三口"在南北两岸分流，到1542年郝穴堵口、荆江大堤成形，至十九世纪六七十年代形成四口向南分流多年均值940亿立方米的局面。长江与洞庭湖之间的水量交换、河床湖盆的自然演变及其产生的物质能量交换，其复杂性与重要性在世界上是独一无二的。

鄱阳湖也是通江湖泊，但长江不向鄱阳湖分流洪水，鄱阳湖不是调蓄长江的湖泊。仅在特殊条件下通过湖口倒灌入口，其多年均值在25亿立方米左右，仅与洞庭湖区重点蓄洪垸钱粮湖垸的设计量大体相当。这个值对于长江洪水来说是微不足道的。长江水倒灌入鄱阳湖的必要条件是：长江九江与湖口水位落差在0.52米以上，而且鄱阳湖星子站与湖口站水位落差在0.12米以下。

万里长江水系发达，有大小支流7000余条。只有荆江河段的松滋、虎渡和藕池三条河不入江，而是江水入河，它们不是长江的支流，而是长江的下游，这是一个独特的存在。长江通过它们向洞庭湖分流水沙，进行物质能量交换，然后再通过城陵矶三江口还江。

从历史上看，高的年份，洞庭湖分流长江几近一半，低的年份，也在五分之一以上。通过四口连接的洞庭湖，实际上已成为长江主泓的另一通道，表现万里长江荆江河段九曲回肠的极品特质就在洞庭湖。

洞庭湖本来就是洪道性湖泊，在承接分流长江洪水的任务后，洞庭湖在整体上成为长江洪水的过道，它的河流性特征愈来愈明显，它就是一条洞庭河，是第二条长江。洞庭湖的河流性特征表现在，无论丰水期，还是枯水期，湖泊上下游

水位落差都相当大，水位时空分布不均，有明显水面比降，吞吐流是洞庭湖的主要流型，十分突出，已具有河道的特征。湖流流态基本上是由西洞庭湖经小河嘴向南洞庭湖，再向东洞庭湖直至从城陵矶出口入长江的单一流动，仅在局部湖汊或湖湾区有流向偏转，出现回流现象。也就是说，洞庭湖湖流是以各个入湖河道的入流在湖泊中汇合，再经出湖口泄流的流态组合。

就江湖关系而言，完全可以视长江上游为洞庭（河）湖的上游，长江中下游就是洞庭余波，在洞庭（河）湖的下游，洞庭湖就是荆江的另一种存在，一如戏剧舞台的 A 角和 B 角。

三、洞庭湖是长江中下游地区生态屏障，是三湘四水的总开关

洞庭湖区一直是中国历次人口流动的重要目的地之一，承载了 2000 万以上人口，养育了世世代代湖区儿女。作为湖南人的母亲湖，它有诸多的重要功能。但从历史和现实两方面考察，主要功能集中在农业生产、调蓄长江（防洪保安）和生态维护三大项。

洞庭湖是人类稻作农业的发祥地之一，它早于浙江余姚的河姆渡文化。自楚人越过长江向南拓展，到明清、民国至中华人民共和国成立后，形成了洞庭湖湿地开发模式，一直是传统农业的典型。它的核心就是，以水利工程项目为重点，以防洪保安为目的，以向湖泊水面索取生产生活资料为终极目标。但这种模式已越来越受到质疑，不可持续。

洞庭湖是唯一吞吐长江、调蓄长江的通江大湖。鄱阳湖也通江，但它不能调蓄长江洪水。从 1949 年到三峡工程建成之前，长江在宜昌发生大于 6 万立方米每秒的洪水有 1954 年、1998 年，四口分流平均分流能力为 2.2 万立方米每秒，占长江洪峰的 34.5%。1951—2000 年洞庭湖多年平均总入湖洪峰流量为 4 万立方米每秒，出湖流量 2.7 万立方米每秒，削峰流量 1.3 万立方米每秒，削峰比为 32.1%。最大削峰值出现在 1998 年，削峰 2.8 万立方米每秒，削峰比为 43.9%，最大削峰比出现在 1990 年，削峰比为 49.1%。洞庭湖的这个功能目前仍然没有改变，具有唯一性。

洞庭湖是长江中下游地区的生态屏障，三湘四水的总开关，在生态维护上的功能自古存在。但为我们所发现和重视，则只有不到二十年的时间。

历史已证明，人类在洞庭湖的开发、治理和建设的进程中，不断地犯错误，主要在于处理洞庭湖的三大功能关系上存在偏差，归根结底又是我们在科学认识

洞庭湖上存在短板和不足所致。我们要牢牢把握洞庭湖在农业生产、防洪保安和生态屏障上的三大功能，不能偏废，掌握好平衡。实践证明，湖区不抓生态环境的保护，没有前途，湖区不实现高质量转型发展，没有出路。

四、洞庭湖居"五湖之首"地位不容否定，"第二"的说法是个伪命题

湖南既有"山国"之称，又有"泽国"之名。但在几千年的人文历史变革中，山的权重不高，而水一直保持着绝对的话语权，长江、湘江、洞庭湖三者处于支配地位。湖南最早称江南，后来设置湘州，最后以湖南一锤定音。如果湖南只能做一张名片，那么，洞庭湖会是最好的代表。

洞庭湖居"五湖之首"，以前没有人质疑过这一点。但现实生活中，洞庭湖的实际地位在人们的认知观念里已大不如前，早已一落千丈。

始作俑者是 1962 年 8 月出版的《十万个为什么》。它首次将洞庭湖降为我国第二大湖泊。近 60 年来，这个说法成为官方和主流意见，包括湖南人在内的干部群众大都认为洞庭湖已成为"老二"，是鄱阳湖的跟班小兄弟。比如在国家发展战略层面，不仅仅是《鄱阳湖生态经济区规划》比《洞庭湖生态经济区规划》早出台五六年的问题，本质上是定位大不相同。鄱阳湖的发展定位是：全国大湖流域综合开发示范区，长江中下游水生态安全保障区，加快中部崛起重要带动区，国际生态经济合作重要平台。围绕上述定位，鄱阳湖生态经济区要着力构建安全可靠的生态环境保护体系、调配有效的水利保障体系、清洁安全的能源供应体系、高效便捷的综合交通运输体系；重点建设区域性优质农产品生产基地，生态旅游基地，光电、新能源、生物及航空产业基地，改造提升铜、钢铁、化工、汽车等传统产业基地。

而没有包括长沙市在内的洞庭湖，被给予的是全国大湖流域生态文明建设试验区、保障粮食安全的现代农业基地、"两型"引领的"四化"同步发展先行区、水陆联运的现代物流集散区和全国血吸虫病综合防治示范区 5 项定位，当然就显得特别单薄，概念远远大于实质内容，实际上是农业概念板块。这是洞庭湖的发展规划在国家认知层面大大低于鄱阳湖的滥觞，也是洞庭湖地位急剧下降的一个关键因素。

湖南人自己对洞庭湖的认知出了问题。长沙在历史上就属于湖区，居于湘水尾闾。长沙的城区均处于堤防的保护之下，一个垸子一个垸子叠加，但我们自己把长沙市与《洞庭湖生态经济区规划》撇开。没有了省城的生态经济区，与鄱阳湖区相比自然不在一个层次。

洞庭湖治理建设和研究项目的布局较之鄱阳湖偏小偏少，近两年来，洞庭湖区获得的国家在水利等建设方面的投资仅为鄱阳湖的三成。

中国科学院南京湖泊和地理研究所是湖泊研究领域的国家队，但它没有在洞庭湖设立二级研究机构，它研究的重点和布局在太湖、鄱阳湖、抚仙湖、呼伦湖、天目湖，等等。南京所1980—2000年共110项科研获奖项目中没有关于洞庭湖的，2018—2021年的院地合作的63个项目中没有关于洞庭湖的，1999—2021年出版的专著中没有关于洞庭湖的。这不正常。

对天然湖泊的简单排序已严重影响全社会对大自然的正确认识，从根本上颠覆了过去一二百年以来形成的洞庭湖调蓄长江、防洪安民的重要地位，误导了政府宏观决策。

洞庭湖"下降为第二大淡水湖泊"的说法是一个伪命题，洞庭湖仍然是中国最重要的淡水湖泊。洞庭湖的流域面积在100万平方公里以上，占中国国土面积的七分之一。这个巨大的流域面积，能充分保证入洞庭湖平均径流量年值3018亿立方米，它是鄱阳湖的3倍、太湖的10倍。如果洞庭湖是第二大淡水湖的话，谁能当第一？

2006年，三峡库区开始蓄水，特别是达到175米水位正常运行后，社会层面上几乎都认为长江中下游地区的防洪问题已基本解决，长江安澜的趋势整体形成，洞庭湖调蓄长江变得可有可无。在今天的论坛上还有重要人士在复述这个观点。

这是极其错误的认识，而且十分危险。事实上，如果没有洞庭湖，后果会不堪设想。

三峡工程建成运作后，我们又经历了2016、2017、2020年三次大的洪水。其中2017年7月1日入湖总量达到历史极值8.15万立方米每秒，超过三峡入库极值7.2万立方米每秒（2020年8月19日），洞庭湖表现出来的调蓄能力让我们震撼。2020年，长江发生全流域洪水，洞庭湖入湖最大流量为7月9日的5.15万立方米每秒，最大出湖为7月12日的3.32万立方米每秒，削峰比为35.5%。2017年的削峰比为39.3%，而2016年洞庭湖的贡献更大，削峰比达到48.7%，仅低于历史极值的1990年。充分表明，洞庭湖在调蓄洪水的能力上，并没有因为三峡工程的建成而下降。

洞庭湖是吞吐长江唯一的大湖，仍然是长江中游调蓄洪水的最重要场所。维持这一调蓄能力对长江中下游防洪至关重要，这个湖泊所发挥的巨大作用没有减弱，没有理由轻视它。

五、结语

　　湖南省的洞庭湖研究力量十分分散，严格上讲，从省城到湖区4个市，从科研单位到高校，还没有专门的湖泊研究机构和人员，与洞庭湖本身的重要性、湖南省经济社会发展的要求极不相称。开展洞庭湖的湖泊科学研究，是洞庭湖一切研究的基础和出发点。1998年《湖南农大学学报》第24卷发表谢凤阳的《洞庭学论纲》，第一次较为系统地提出洞庭学概念。谢把洞庭学定义为研究洞庭湖区的自然环境、治理开发、历史文化、社会现实的科学。因此，要加强洞庭湖学科建设，设立综合性的洞庭学。

　　我认为，洞庭学的概念涵盖地质科学、湖泊科学、生态科学、人文社会科学等多个学科门类，即从综合学科的视野探究洞庭湖的形成、演变、发展和消亡的规律。它的第一个核心圈就是湖泊科学，第二个核心圈是地质科学和生态科学，第三个核心圈才是湖区的经济建设、人文和历史等方面。站在综合学科视野研究洞庭湖，方能摆脱历史时期洞庭湖开发和治理中的单纯水利建设、农业生产的片面性，更多地关注洞庭湖的生态问题，促进我们在认识、治理洞庭湖的过程中，视角更开阔，达到人水和谐，人和自然协调发展。

　　（作者系湖南省文史研究馆党组副书记，洞庭湖区生态遥感监测湖南省重点实验室学术委员）

◎责任编辑：汪义力

当前农村传统文化面临的挑战

⊙ 李甫平

农村实行家庭承包以来，发生了广泛而深刻的变革。随着改革的深入和产业结构的调整，特别是精准脱贫和乡村振兴战略的落地，农民的物质生活条件空前改善，精神面貌也悄然发生变化。在这一历史进程中，生产力和生产关系的变动，工业化、城镇化、市场化的推进，新观念、新风尚、新文化的兴起，不可避免地对传统文化形成冲击和挑战。这种挑战和变化，概括起来主要有三个方面：一是人口持续减少。大包干后，分散化的家庭生产，非农化的离土经营，带来空心化的人居环境。伴随大量劳力外出和人口外迁，乡村普遍出现有户无人、有房无居、有田无耕的状况。在我老家，过去几个上百人的生产队，现在都不过三四十人，有的屋场、村落甚至空无一人。二是传统逐渐被淡忘。现在人们都感到，年味越来越少，民俗越来越远，乡愁越来越淡，能人越来越缺。不仅农耕方式在改变，生活方式在改变，乡风民俗在变化，思想观念也在变化。三是代际特征明显。年长的种田，年轻的打工；会干的干不动，能干的干不好；外出的"5438"，留守的"9961"，是当下乡村共同的现实。老中青代际之间，新知识递增了，传统技艺递减了；新思想递增了，传统素养递减了；新生活递增了，传统习俗递减了。

从精神层面而言，农村传统文化应该是与农耕文明紧密相连，并反映其内在特质的观念、品格和风尚。我认为，最具代表性的主要有三点：一曰勤劳，这是做事；二曰节俭，这是持家；三曰纯朴，这是为人。这种品性，更多体现在庄户人家、劳苦大众身上，但也为书香门第、大户人家所称道。长期以来，最受推崇的古训是"耕读传家"。虽然演化成种田人和读书人之分，但"耕读"二字所包含的勤俭创业、不忘本来的思想是相同的。在今天推进精神文明建设中，也值得大力提倡和发扬。

综观新时代的农村和农民，虽然有诸多值得肯定的进步，但不容忽视的是传统文化的衰落。与上述三点相联系，表现为三个消减。

（1）勤劳精神弱化了。对这一点，可用三句话来形容。一是科技进步养懒人。随着新机械、新产品、新技术的应用，带来生产生活方式的变化。以车代步，以机代人，以电以气代柴。一些笨拙的劳动不见了，繁杂的劳动简单了。在减少人的劳动的同时，也滋长了人的懒惰。这是显而易见的事实。二是政策进步养闲人。取消农业税，实行粮食直补，不搞"一平二调"，许多人反而无所事事。种田人不重视种田，过去的双季稻没有了，而闲田荒地到处可见。前些年，通城县墨烟村就有两千多亩空田，全部由外村一对夫妇耕种，而且基本上不要租金。三是生活进步养庸人。一些人满足于温饱即足、小富即安，习惯于吃政策饭、享现成福，巴不得天天过节、日日休闲。老话讲，穷不丢书，富不丢猪。而现在有些人，不仅不种田不砍柴，甚至不种菜不养猪。楼房宽敞了，睡懒觉的多了；公路通畅了，走路的少了；日子不愁了，沉湎于打牌的风气浓了。生活的进步折射出劳动素养的降低。

（2）节俭风尚淡化了。古人言，勤以修身，俭以养德。节俭与勤劳是紧密相伴的。过去，不仅穷苦人家必须节俭，很多大户人家也是十分节俭的。这种美德源远流长，代代相传。可现在节俭不吃香了，甚至被当成吝啬、小气的同义词。这种现状的背后有"三太"。第一，太方便带来浪费。生活的哲理往往是，太自由容易散漫，太优裕容易颓废，太方便则容易浪费。比如，到处可见的使用一次性产品，方便了，省事了，但消耗的是资源，污染的是环境，滋长的是慵懒。第二，太爱面子带来攀比。讲求排场，追赶时尚，爱慕虚荣。请客大场面，结婚高彩礼，出门阔派头，居家富心态。人们都在感叹送不起的礼、结不起的婚，轮到自己面前，还是照葫芦画瓢，亦步亦趋。第三，太安稳带来短视。和平年代，没有兵荒马乱；小康生活，不再缺吃少穿。因而缺乏危机意识、防灾意识、节约意识，过去深入人心的"备战备荒为人民"的思想，每天节约一把米的精神，晴带雨伞、饱备饥粮的古训，都抛到脑后去了。

（3）纯朴本色褪化了。纯朴不是头脑简单，更不是为人笨拙，而是发乎田野之上、萦绕山水之间的嘉风美德，诸如孝老爱亲、睦邻仁里、感恩重义、善良诚信等。现在的农村，洋文化多了，礼文化少了，闲文化重了，孝文化轻了，商文化浓了，义文化淡了。以年俗为例，过去大年初一，必须上坟祭祖宗，正月新春，都要拜年走亲戚，一个孝字、礼字、义字贯穿其中。现在，这种传统慢慢在改变。年轻一点的人，礼仪不学了，礼节不懂了，孝文化不怎么看重了，家国情怀变淡了，责任感和吃苦耐劳精神也大不如长辈。当然，他们学习新知识、接受新事物快，有开放创新精神，能跟上时代。这是值得肯定的。

正视农村传统文化的现状和问题，要运用辩证的观点、发展的观点，不能以偏概全，更不能全盘否定。解决农村传统文化面临的问题，要坚持多措并举，成风化人，久久为功。最根本的是要坚持马克思主义的立场、观点和方法，以习近平新时代中国特色社会主义思想为指导，加强党的领导和基层组织建设，全面推进乡村振兴战略，在"三农"工作重心这一历史转变中，做到四个留住。

一是坚持马克思主义发展观，以产业留住烟火。留住烟火就是留住人才，留住人气。人是生产力中最能动最积极最活跃的因素，也是传统文化最主要的载体和支撑。在一个个留守家庭和空壳村，不可能实现乡村振兴，也不可能弘扬优秀传统文化。产业发展了，才能留住人，才有人的更好发展。当然，留住人不是反对劳务输出，更不是把人重新困在土地上。而是在发展产业中实现劳力就地就近转移，使生产兴、生活富、生态美和生气旺相得益彰。

二是坚持马克思主义历史观，以民俗留住传统。乡风民俗是传统文化最深厚的底蕴，是教育熏陶人最接地气的载体。对待历史文化遗产，要有正确的态度，不能把旧的视为落后，把老的看作过时，把土的当成陋习。要积极引导，取其精华，为我所用。要重视对节庆时令、礼仪孝道、婚俗葬习、工艺特产、风物掌故、民谚俚语、方志家谱、村规祖训、老屋公产、古迹旧物等民俗民粹的保护和传承，兴利除弊，使之发挥积极作用。特别要重视家庭的社会功能和文明作用。习近平同志提出三个注重:注重家庭，注重家教，注重家风。这既是传承民俗的基本源流，也是留住传统的重要窗口。

三是坚持马克思主义宣传观,以阵地留住文化。毛主席说过:"对于农村的阵地，社会主义如果不去占领，资本主义就必然会去占领。"在宗教渗透上，这一点表现尤为突出。要重视正面灌输，加强思想引导，创新宣传教育手段，用社会主义思想文化占领农村阵地。文化是一个大系统，需要大视野、大格局、大氛围。要挖掘抢救传统文化，在抵制消极文化的同时，继承优秀文化，发展先进文化，建立群众喜闻乐见并积极参与的大文化格局。如大喇叭、屋场会、展览室、宣传墙、文化广场、农家书屋、人文标识、特色旅游、非遗传承人、文明示范户等，弘扬主旋律，增加正能量，提高基层党组织的凝聚力、引导力、战斗力，用身边事教育身边人，扶正祛邪，壮大马克思主义思想文化阵地。

四是坚持马克思主义时代观，以乡愁留住根脉。建设美丽乡村，是建设美丽中国的迫切需要和战略任务，是时代进步的必然要求。时代要前进，根脉要传承。根脉就是一个地方系之念之的历史文化。美丽乡村，美在青山绿水，更美在民风乡愁。习近平同志讲："望得见山，看得见水，记得住乡愁。"乡愁是什么？是乡思乡恋，是乡风乡俗，是历史印记，是地理标识，是文化传统，是乡土情调，是人居环境，是人际关系，是一个地方特有的人文情怀和乡土情结。乡愁的底色是山水，内涵是文化，韵味是风情，灵魂是根脉。要通过保护和传承，通过挖掘和创新，通过培育和坚持，擦亮一张张传统特色名片，在乡村振兴中促使文化进步、乡风文明、精神昂扬，实现物质文明和精神文明建设双丰收。

（作者系湖北省通城县原县委副书记，文化学者）

◎责任编辑：汪义力

农村传统习俗文化之对联的兴衰问题

⊙ 黎时忠

汉唐以始，随着中国丝绸之路的开启，千百年来中华传统文化就走向西方、走向世界。与此同时，西方文化伴着西方文明向东方特别是中国渗透，也为中国文化输送了外来的血液，所以说中西文明、中西文化一直是互相渗透、相互融合、相互促进的。19 世纪，马克思主义理论在西方形成，必然有中华优秀传统文化的细胞，中国文化里自然也有马克思主义的成分。

我是一个乡土文化者，其中对联是我对乡土文化的至爱之一。从解放前读私塾起，我就开始学对联，至今没有放弃过，2008 年《中国对联集成·湖北卷》出版发行会上，就展示了我作的一副贺联："挖出一联见奇功，对史提前三百年存据；集成万对留伟业，联坛启后千秋事有源。"产生了较大影响。

该书收集古今湖北人士 5000 人撰作的 1.5 万副对联，其中收我的 47 副，数量为全书之最。这里讲的"对史提前三百年"是指该书在编纂过程中，在鄂州市的一个庙里发现了一副对联："深山窈窕，水流花落泄天机，未许野人问渡；远树苍凉，云起鹤翔含地理，惟偕骚客搜奇。"这是唐高祖李渊的堂侄李道宗在江夏作的。原楹联界公认华夏最早的对联是五代后主孟昶作的"新年纳余庆，佳节号长春"，李道宗所作对联的发现使对联的历史被提前了 300 年，这是湖北卷对中国对联的最大贡献。对联从唐起，滚滚向前，如今，凡有汉文化的地方就有对联。2000 年，我同中南大学楹联研究所的教授去越南考察对联，就发现越南河内的一个公园里有古代留下来的大量中国汉字对联。

对联生于唐，延于宋，兴于明、清、民国达六七百年，这是一个不争的事实，中华人民共和国成立初期，在人民公社化和"文化大革命"中，对联就被划为"四旧"的代表，对联文化在农村中遭到严重的破坏。党的三中全会后，由于拨乱反正、改革开放的到来，对联文化也曾恢复繁荣了大约十多年时间，特别是在青年人的结婚、老年人的祝寿、春节的喜庆，以及企业的开业、庆典等方面，写对联、贴对联成了必备的传统礼仪、兴旺发达的喜气标志。但近十年来，这种好的气氛又在悄然降温，例如我住的秀水社区有 1500 户居民，十年前过春节贴对联不漏一户，此后逐渐减少，今年大约有 20% 的户过春节没有贴对联了，照这个下降速度，不要三四十年，我的这个小区恐怕 80% 的户在春节时不会贴对联。更有甚者，对联内容也大大变味，原来过春节都是随社会兴旺、家庭气氛贴出的，是有滋有味、韵味丰厚的字句，如今是千篇一律买对联贴，人们只要上面有字就行，并且大多是发财赚钱的字句，更没有人知道和考虑对联的规则之类的要求，所以对联成了贴户不懂的假意装饰。

为什么中国诞生了对联文化的国度，如今到了这么个尴尬的地步？我想有以下几点原因：

1. 社会发展的大势所致。我曾在 2001 年对省委到通城的调查组反映过，现在的社会生活是解放以来的最好阶段，但传统文化在不断式微，当然也包括对联文化在内。

2. 对联文化不被真正重视。目前全国各级有楹联学会，但大多徒有虚名，力不从心。对联在各级学校没有一席之地，全国只一所大学有对联研究所，只招过一个研究生，从大学老师到大学生业余爱好，很少有懂对联、作对联的。

我去年参加武汉大学中国精神研讨会时在一个会议室看到武汉大学新闻系毕业的一个学生向母校赠送的一副对联——严格讲就不是一副对联。而过去对联兴旺，与各级官员、知名学者、教师人人学对联、懂对联、作对联、用对联、交流对联是分不开的。如林则徐在总督府衙题书的堂联："海纳百川，有容乃大；壁立千仞，无欲则刚。"荆州知府梁章钜在政衙贴出一联："政惟求于民便，事皆可与人言。"张之洞与孙中山对，张："持三寸帖，见一品官，自身何能称兄弟。"孙："读百箱书，行万程路，布衣可以傲侯王。"大数学家苏步青曾获全国首届征联大赛一等奖。大数学家华罗庚，1955 年与钱三强、赵九章等出国，在北京机场等飞机，调侃大家出一联："三强韩、魏、赵，"无人应对，随即自对，"九章勾、股、弦。"胡耀邦同志年在一次春节茶话会上，吟出一联："座上青茶依旧，国家景色常新。"

引发满堂喝彩称赞。现如今难见片言只字，对联的辉煌年代还能恢复吗？

3.民间对联名人正在消失，对联文化后继少人或无人的态势正在发展之中。

总之，在当前中国兴起马克思主义理论研究学习热之时，可以考虑同时推动中华传统文化的复兴，也可以考虑围绕复兴中华优秀传统文化去加强对马克思主义理论的发展与传播，以此相得益彰。

（作者系湖北省通城县、崇阳县原县委副书记、人大主任，文化学者）

◎责任编辑：汪义力

全面把握国家种业安全保障的关键性与战略性问题
——评陆福兴新著《大国种业安全之维》

⊙ 陈文胜

　　基于人多地少的基本国情，粮食安全与人口大国的兴衰息息相关。而粮食安全的根本保障是种业安全，杂交水稻之父袁隆平就曾经说过："一粒种子可以改变一个世界。"也就是一粒种子也可以毁掉一个国家，一个国家只有把种业安全摆在重要位置，才能有效保障国家粮食安全和农产品供给。种业安全的维系之柱是种业技术创新，生物育种知识产权是激励和保护种业创新的关键。种子作为农业科技的芯片，生物育种是种子的核心，知识产权保护是生物育种产业安全的防火墙。

　　近年来，发达国家对生物育种产业发展愈来愈重视，通过强大的知识产权保护机制实施对遗传资源和生物技术的源头垄断，在世界范围内争夺遗传资源的战争愈演愈烈，通过跨国公司的产业链和价值链控制，发达国家加速对发展中国家的种子源头控制和市场占有，企图抢占未来种业的发展先机和控制权，其对发展中国家施加了强大的技术压力和经济压力，威胁着发展中国家的种业安全并危及发展中国家的粮食安全与食品安全，成为发展中国家经济社会安全的危机和隐患。

　　中国生物育种技术还相对落后，特别是知识产权保护起步较晚，体制机制不够完善，导致种业自主创新不足，种业国际市场的核心竞争力还不强。因此，打赢种业翻身仗还任重道远，必须未雨绸缪从种业创新激励与保护入手，加快解决种业"卡"脖子的关键问题。

　　陆福兴教授的新著《大国种业安全之维》由中国农业出版社正式出版，主要从生物育种知识产权保护的视角切入，把种业科技创新的激励与保护作为着力点，把生物育种知识产权保护作为国家种业安全保障的关键性与战略性问题，从全球竞争下的大国生物育种知识产权保护入手，研究了中国生物育种知识产权保护的现状，探索了生物育种知识产权保护的复杂对象，分析了生物育种知识产权保护的主体博弈与动力机制，从大国种业安全危机的视角探索并求解大国生物育种知识产权保护问题，构建了以种质资源为核心的生物育种知识产权保护体系，探索了基于大国种业安全的四位一体生物育种知识产权保护路径，以农民权益为本探讨了当前生物育种知识产权保护的异化问题，并对世界主要国家的生物育种知识产权保护进行了比较研究。全文结构完整清晰，内容丰富全面，论证有理有据，拓展了中国农业安全和国家安全的视野。

纵观全书，其首次对生物育种知识产权保护问题进行系统全面的研究，力求建立从种质资源到新品种的完善的生物育种知识产权保护体系，丰富了中国生物技术知识产权保护的内容，拓展了中国知识产权保护的空间，把生物育种知识产权保护置于国家安全战略的高度，赋予了生物育种知识产权保护的战略任务，也开拓了知识产权研究的新领域。因此，本书的特色在于：

一是研究领域比较前沿。本书把生物育种作为一个整体，力图从物种资源、育种方法、新品种权、商业秘密等全产业链着眼，利用行政手段、法律手段和管理手段，结合国际保护的措施，以求构建生物育种知识产权保护的有机体系，较以往单纯的新品种知识产权保护，有更大的研究空间。

二是研究视野比较宽广。本书以国际种业产业链和价值链控制为背景，把生物育种知识产权保护放在国家种业安全、国家粮食安全的重大战略中进行研究，通过国际视野的考量，为解决当前中国粮食安全和农业可持续发展等问题开拓了新的视野。

三是研究内容比较新颖。本书全面分析了生物育种知识产权保护的内容，对生物育种知识产权保护问题进行了主体责任、主体利益博弈分析，进而从行政保护、法律保护、管理保护和国际保护等角度探索其系统的保护体系，并对生物育种知识产权保护的异化进行了探讨，突破了以往单纯研究生物育种知识产权法律保护的传统模式。

当然，学术研究无止境，本书并非十全十美，还有需要进一步完善的地方。如研究的实证性不足、研究的深度不够、研究的方法不新等，都是进一步提升的空间。诚然，每一项研究都只能对某一个方面进行探索，并且随着时间和实践的变化，研究的欠缺也会日益显现，因此，对本书不必苛求。从本书作者探索的勇气和问题的战略性来看，本书是值得一读的好书，特别是对于本书关注的问题，中国这样的人口大国任何时候都应该高度重视。

（作者系湖南师范大学中国乡村振兴研究院院长）

◎责任编辑：汪义力

图书在版编目（CIP）数据

中国乡村发现. 总第62辑 2022（3）/陈文胜主编. —长沙：湖南师范大学出版社，
2022.10

ISBN 978-7-5648-4740-1

Ⅰ.①中… Ⅱ.①陈… Ⅲ.①农村—社会主义建设—中国—丛刊 Ⅳ.①F32-55

中国版本图书馆CIP数据核字（2022）第189798号

ZHONGGUO XIANGCUN FAXIAN

中国乡村发现 总第62辑 2022（3）

陈文胜 主编

出 版 人｜吴真文
责任编辑｜吕超颖
责任校对｜谭静雅

出版发行｜湖南师范大学出版社
　　　　　地址：长沙市岳麓区麓山路36号 邮编：410081
　　　　　电话：0731-88853867 88872751
　　　　　传真：0731-88872636
　　　　　网址：https：//press.hunnu.edu.cn/
经 　　销｜湖南省新华书店
印 　　刷｜长沙雅佳印刷有限公司

开 　　本｜710 mm×1000 mm 1/16
印 　　张｜10
字 　　数｜180千字
版 　　次｜2022年10月第1版
印 　　次｜2022年10月第1次印刷
书 　　号｜ISBN 978-7-5648-4740-1

定 　　价｜25.00元

著作权所有，请勿擅用本书制作各类出版物，违者必究。